質的研究法 M-GTA 叢書　2

乳幼児虐待予防のための
多機関連携のプロセス研究

産科医療機関における
「気になる親子」への気づきから

JN113250

唐田順子　著

遠見書房

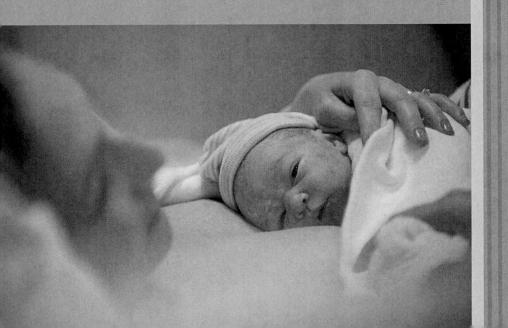

質的研究法 M-GTA 叢書　刊行の辞

　質的研究が既存の専門領域を横断する研究アプローチとして独自に領域形成したのは 1990 年代始め頃とされているが，以後ヒューマンサービス領域を中心に注目すべき関心の拡がりを見せ現在では定着したものとなっている。質的研究にはさまざまな個別の研究方法があり，それらは総称して質的研究法と呼ばれているが，その共通特性は，人間の複雑で多様な経験がより自然な形で表現されたものとしての質的データを用いる点と，社会的存在としての人間をより深く，共感的に理解しようとする点にあるといえよう。

　M-GTA（修正版グラウンデッド・セオリー・アプローチ）はそのひとつであるが，1960 年代に社会学者バーニー・グレーザーとアンセルム・ストラウスによって提唱されたオリジナル版 GTA を抜本的に再編成し，深い解釈とシステマティックな分析による理論（説明モデル）の生成とその実践的活用を重視する質的研究法である。M-GTA は分析方法の明確化と分析プロセスの明示化という質的研究法の長年の課題に対して，研究者を主題化（【研究する人間】の視点）することで開発された研究方法である。

　M-GTA 研究会がわずか数名の勉強会としてスタートしたのは 2000 年 2 月であったが，20 年間の活動を経て現在では会員約 600 名の規模に成長している。専門領域も看護・保健，社会福祉・ソーシャルワーク，介護，リハビリテーション，臨床心理・カウンセリング，学校教育・日本語教育，経営・キャリア，そして社会学など多岐にわたる。定例研究会を中心に，修士論文報告会，会員外の人たちを対象とする公開研究会，東京を含め地方の M-GTA 研究会による合宿的な合同研究会など多様なプログラムを展開している。M-GTA の学習が共通目的であるが，自分とは異なる専門領域の人たちの研究に接することで自分の発想や思考を刺激するダイナミズムがあり，新しい学びの場に成長してきた。

　M-GTA は，研究会会員はもとよりそれ以外の多くの研究者にも活用され多数の研究成果が発表されている。会員による著作の刊行も続いている。その一方で

M-GTA の理解が徹底されていない場合もみられ，また，最も重要である研究結果の実践への応用も未だ十分には拓かれていないという課題を抱えている。こうした状況に鑑み，M-GTA の分析例であると同時にその成果の実践的活用までを視野に入れたまとまった研究例の提示が必要になっている。本叢書は M-GTA 研究会の会員による研究成果を，M-GTA に関心のある人，そして，具体的な研究成果の現場での活用に関心をもつ人の両方を読者として想定し，コンパクトなモノグラフとして刊行するものである。どちらの関心から入っても両方の理解が深まることを意図した編集としている[i]。

研究会創立 20 周年の年に

木下康仁
M-GTA 研究会を代表して
(http://m-gta. jp/)

---

i　本叢書は 2015 年から刊行された M-GTA モノグラフシリーズ（ハーベスト社）を引き継ぐものである。

■ はじめに

　本書は日本看護研究学会から発表された『産科医療機関の看護職者が「気になる親子」への気づきから他機関との連携が発展するプロセス』（唐田ら，2014～2019）の4本の論文を中心に，研究の始まりから理論の実践的応用に至るまでをまとめたものである。まだ虐待が発生していない段階で女性や家族と出会い，妊娠・出産・子育てのスタートを支援する助産師・看護師（以下，看護職者）は，子ども虐待の「予防」の一端を担える専門職であるといえる。本書の内容が現在，産科医療機関の現場で日々奮闘されている，「気になる親子」に遭遇される看護職者の参考に少しでもなれば幸いである。また，これからM-GTA（修正版グラウンデッド・セオリー・アプローチ）を用いて分析を試みたいと考えておられる方々に向け，私が行った分析の手順の軌跡をたどれるよう，私なりのM-GTAの解釈についても最終章にまとめた。参考にしていただけたら幸いである。

　なぜ，この研究に取り組もうと思ったのか
　子ども虐待の死亡事例は0歳の乳児が最も多いことをご存じだろうか。子育てをスタートしたばかりの家庭に，いったい何が起こっているのだろうか。妊娠・出産の過程で何かサインはなかったのだろうか，乳児の虐待死亡を予防することはできないのだろうかと，助産師である筆者はこう考えていた。
　先行研究を検索しても，子ども虐待におけるリスク要因の抽出（小林，1997；下泉ら，1997；松井と谷村，2000；齋藤，2001）や発見のためのアセスメント（チェック）シートの作成（佐藤，2008），乳幼児健診における支援システムの構築等の報告（都築，2009；山崎，2016）が保健機関を中心になされていたが，産科医療機関における研究は極めて少ない状況であった。
　妊娠・出産・子育てを支援する看護職者が乳幼児虐待発生予防に力を発揮するための基礎研究として，産科医療機関において看護職者はどのように「気になる親子」に気づき，他機関とどのように連携を発展させているのかを明らかにしたいと，この研究に取り組んだ。

本書の構成

第1章は，研究の背景と目的・研究方法の選択ついて述べる。

第2章は研究の枠組みについて述べる。分析テーマ・分析焦点者の設定，本研究における「研究する人間」，用語の定義について説明する。

第3章・4章は総合病院に勤務する看護職者を対象とした研究結果を述べる。

第3章は，プロセスの前半『産科医療施設（総合病院）の看護職者が「気になる親子」を他機関への情報提供ケースとして確定するプロセス』の研究結果を示す。

第4章は，プロセスの後半『産科医療施設（総合病院）の看護職者が「気になる親子」の情報を提供してから他機関との連携が発展するプロセス』の研究結果について述べる。同じデータを用い，同じ分析焦点者であるが，分析テーマのみが異なるという分析において，どのような点に留意したのかについても説明する。

第5章・6章は産婦人科病院・診療所に勤務する看護職者を対象とした研究結果を述べる。第5章はプロセスの前半部分，第6章はプロセスの後半部分の結果である。データ分析においては第2章・3章と分析テーマは同じだが，分析データと分析焦点者が異なる。分析の際，留意した点について説明する。また，第2・3章の結果と比較し，差異の認められた産婦人科病院・診療所の特徴的な結果を中心に述べる。第6章の最後に，総合病院と産婦人科病院・診療所の結果の共通性に注目し，産科医療機関としての共通プロセスについて示している。その後，連携の発展過程を保健医療福祉領域における「連携」の先行研究と比較し検討している。

第7章は，理論の実践的応用として，理論を応用した教育プログラムの開発と有用性の検証についての研究結果を述べる。M-GTAで生成した理論を応用してどのように教育プログラムを開発したのか，それをどのように研修として計画したのか，その研修を実践して効果はあったのかについて述べる。

最終章である第8章は，本研究を通じたM-GTAの分析解説を行う。本書に掲載した4つの研究においてM-GTAを用いて分析を行った筆者の躓きや，M-GTA研究会におけるスーパーバイザーの経験も含め，M-GTAの分析を行う人に向け解説する。分析テーマ，分析焦点者の設定をはじめ，3つの分析ワークシートを例示し，理論的メモの記入方法，定義の仕方，概念名の命名方法等を説明する。結果図・ストーリーラインの生成方法，単独概念のサブカテゴリー・カテゴリー化，対極例の示し方にも言及している。M-GTAの分析に関心があり具体的な分

析方法を知りたい方は，ぜひ参考にしていただきたい。

　本書の研究はJSPS科研費JP24593458「産科医療施設における「気になる親子」の連携のプロセス構造と医療・保健の連携促進方略―乳児虐待の発生予防をめざして―」，JP15K11680「子ども虐待の発生予防を目指した産科医療機関の看護職者に対する教育プログラムの開発」，JP18K10457「乳児虐待の予防を目指した産科医療機関の看護職者向け教育プログラムの有用性の検証」の助成を受けて行ったものである。

　本書の出典論文は以下の4本である。

唐田順子，市江和子，濱松加寸子（2014）．産科医療施設（総合病院）の看護職者が「気になる親子」を他機関への情報提供ケースとして確定するプロセス―乳幼児虐待の発生予防を目指して．日本看護研究学会雑誌，37（2），49-61.

唐田順子，市江和子，濱松加寸子（2015）．産科医療施設（総合病院）の看護職者が「気になる親子」の情報を提供してから他機関との連携が発展するプロセス―乳幼児虐待の発生予防を目指して．日本看護研究学会雑誌，38（5），1-12.

唐田順子，市江和子，濱松加寸子，山田和子（2019）．産婦人科病院・診療所の助産師が「気になる親子」を他機関への情報提供ケースとして確定するプロセス―子ども虐待の発生予防を目指して（第1報）．日本看護研究学会雑誌，42（1），75-85.

唐田順子，市江和子，濱松加寸子，山田和子（2019）．産婦人科病院・診療所の助産師が「気になる親子」の情報を提供してから他機関との連携が発展するプロセス―子ども虐待の発生予防を目指して（第2報）．日本看護研究学会雑誌，42（2），219-230.

　2014年に発表した論文は幸いにも，平成26（2014）年度日本看護研究学会学会賞を受賞することができた。

　上記の4本の論文は，2013年度聖隷クリストファー大学大学院保健科学研究科博士論文「産科医療機関に勤務する助産師の乳幼児虐待予防に向けた連携のプロセス」を加筆・修正したものである。

文　　献

小林美智子（1997）．児童虐待の実態と対応．小児看護，20 (7)，852-859.

松井一郎，谷村雅子（2000）．児童虐待と発生予防．母子保健情報，42，59-68.

齋藤学(2001)．全国養護施設に入所してきた被虐待児とその親に関する研究．子どもの虐待と
　　ネグレクト，3 (2)，332-360.

佐藤拓代（2008）．保健分野における乳幼児虐待リスクアセスメント指標の評価と虐待予防のた
　　めのシステム的な地域保健活動の構築．子どもの虐待とネグレクト，10 (1)，66-73.

下泉秀夫，宮本信也，柳澤正義（1997）．地域を対象とした小児虐待実態調査―栃木県・大阪
　　府・和歌山県の比較．小児の精神と神経，37 (2)，131-135.

都築千景（2009）．子育て支援の場としての乳幼児健診のこれからと保健師の役割．保健師ジ
　　ャーナル，65 (6)，478-483.

山崎嘉久（2016）．「標準的な乳幼児期の健康診査と保健指導に関する手引き」について．小児
　　保健研究，75 (4)，432-438.

目　　次

乳幼児虐待予防のための
多機関連携のプロセス研究

産科医療機関における「気になる親子」への気づきから

第 1 章

研究の背景・目的と研究方法の選択

第 1 節　研究の背景

1．子ども虐待の現状と発生予防の重要性

　2020 年度の児童相談所での相談対応件数は初めて 20 万件を超え，年々増加し続けている（厚生労働省，2021a）。厚生労働省は死亡した子ども事例を分析し，明らかとなった問題点・課題から具体的な対応策を学ぶため，2004 年から子ども虐待の死亡事例検証を開始した。第 17 次報告によると 2019 年度の子ども虐待による死亡事例は 78 人が報告され，心中以外の虐待死において 0 歳児の死亡事例は全年齢の約 5 割で，1 か月未満の児が 0 歳児の約 4 割と最多であった（厚生労働省，2021b）。これまでの報告をとおして 0 歳児の死亡事例は全体の 4 〜 6 割程度で推移し，最も多い割合を占め，身体的に未熟で侵襲の大きい乳児の被害が多く，主たる加害者は実母が最も多いという状況である。

　1 か月未満の児の死亡事例のなかには，妊娠期からすでに虐待の危険性があったにもかかわらず適時に介入できず死亡に至る事例があることから，2008 年の児童福祉法の改正により「特定妊婦」[1] が規定され，要保護児童地域対策協議会[2] の

1　特定妊婦とは，児童福祉法第 6 条で「出産後の子どもの養育について出産前において支援を行うことが特に必要と認められる妊婦のことをいう」と定義されている。特定妊婦の例として，上の子の養育に既に問題がある，支援者がいない，予期しない妊娠，経済的な困窮，若年妊婦，心の問題がある妊婦等が挙げられている。
　文献：厚生労働省（2016）要支援児童等（特定妊婦を含む）の情報提供に係る保健・医療・福祉・教育等の連携の一層の推進について．雇児総発 1216 第 2 号（平成 28 年 12 月 16 日）.https://www. mhlw. go. jp/file/05-Shingikai-11901000-Koyoukintoujidoukateikyoku-Soumuka/0000146793. pdf（参照 2022 年 6 月 30 日）
2　要保護児童対策地域協議会（通称，要対協）は要保護児童（保護者のない児童又は保護者に監護させることが不適当であると認められる児童）の適切な保護，または要支援児童もしくは特定妊婦への適切な支援を図るため，地方公共団体に設置するよう努めなければならな

対象者として明記され，妊娠期からの支援が可能となった。同時に，乳児家庭全戸訪問事業(こんにちは赤ちゃん事業)[3] の創設，養育支援訪問事業[4] 等子育て支援事業，要保護児童対策地域協議会の充実に向けた改正が行われ，子ども虐待の発生予防に向けた対策が本格的にスタートした。2015 年に全国妊娠 SOS ネットワークが組織され，０歳死亡のなかでも最も多い０日死亡の主な要因である「予期せぬ妊娠」への取り組みが全国に広がり，妊娠前からの支援も本格化した。しかしその後も０歳児の死亡は減少していない。

　虐待により被害を受けた子どもは，その後の人生において，発達の障害，情緒

いとされている（児童福祉法第 25 条）。協議会は支援対象者に適切な支援を図るために必要な情報交換を行い，支援の内容を協議し支援を実施する。子ども虐待への支援は一つの機関では解決できないため，調整部署が会議のコーディネートを行い定期的な個別ケース検討会議をもち，多機関が協力し情報共有，アセスメント，援助計画を立案し，役割分担・連携による援助の実施が行われている。要対協には守秘義務が課せられており構成している機関同士の情報共有が可能となる。関係部署は児童相談所，保健所，福祉事務所，医療機関，学校，保育所，警察，民生委員，民間団体などであり，ケースにより収集されるメンバーは異なる。
文献：愛媛県（2016）市町要保護児童対策地域協議会実務マニュアルについて　第4章　要保護児童対策地域協議会の実務 .
https://www. pref. ehime. jp/h20300/youtaimanyuaru/documents/18youtai4. pdf（参照 2022 年 6 月 30 日）

3　乳児家庭全戸訪問事業（こんにちは赤ちゃん事業）生後 4 か月までの乳児のいるすべての家庭を訪問し，さまざまな不安や悩みを聞き，子育て支援に関する情報提供等を行うとともに，親子の心身の状況や養育環境等の把握や助言を行う事業である（児童福祉法第 6 条）。訪問結果は保健センターに報告され，支援が必要と判断された家庭には，養育支援訪問事業等で必要な支援が提供される。訪問スタッフは，母子保健推進員，助産師，保健師等である。
文献：厚生労働省. 乳児家庭全戸訪問事業（こんにちは赤ちゃん事業）ガイドライン .
https://www. mhlw. go. jp/bunya/kodomo/kosodate12/03. html（参照 2022 年 6 月 30 日）

4　養育支援が特に必要であると判断した家庭に対し，保健師・助産師・保育士等がその居宅を訪問し，養育に関する指導，助言等を行うことにより，当該家庭の適切な養育の実施を確保することを目的とする事業である（児童福祉法第 6 条）。この事業の対象者は，こんにちは赤ちゃん事業の実施結果や母子保健事業，妊娠・出産・育児期の関係機関からの連絡・通告等により把握され，養育支援が特に必要であって，本事業による支援が必要と認められる家庭の児童及びその養育者である。例えば，若年の妊婦及び妊婦健康診査未受診者，養育者が産後うつ状態，強い育児不安や孤立感等を抱える家庭，生活環境等について不適切な養育状態にある家庭等である。事業の中核機関を定め，計画，進行管理，連携機関との調整を行い，計画的に支援が実施される。
文献：厚生労働省. 養育支援訪問事業ガイドライン .
https://www. mhlw. go. jp/bunya/kodomo/kosodate08/03. html（参照 2022 年 6 月 30 日）

面の問題，対人関係の問題，非行・犯罪等の問題と関連することが示されている（Butchart et al., 2006/2011；Child Welfare Information Gateway, 2015；藤野，2008；杉山，2007）。近年は脳科学の進歩により，虐待のストレスによる脳の器質的な変化とその臨界期が解明されつつある（友田，2016）。幼少期に虐待を受けた人は，心疾患や肺がんにかかるリスクが生涯で3倍にも高まり，寿命が20年短縮することが示されている（Brown et al., 2009）。そして日本における子ども虐待による経済的損失が，1年間で少なくとも1兆6千億円にのぼることが報告された（Wada & Igarashi, 2014）。以上のように，子ども虐待の研究が進めば進むほど，被虐待児への短期・長期的な身体・心理・社会的影響の大きさが明確化し，社会的な損失も大きいことが示された。子ども虐待は予防されることが最も望ましく，それに対する取り組みは喫緊の課題である。

2．わが国の妊娠・出産管理と欧米との違い

　乳幼児の子ども虐待予防のためには，これまで述べてきたように妊娠期からの切れ目ない支援が必要である。その支援の一翼を担うのが産科医療機関であり，わが国においては99％以上の妊産婦が産科医療機関において妊娠・出産管理を受けている（e-stat, 2021）。ここでは，わが国の妊娠・出産管理と欧米の妊娠・出産管理を比較することで，わが国の特徴をみていきたい。

　まず，イギリスとアメリカの妊娠・出産管理を紹介しよう。

　イギリスでは妊娠が判明したら，まず登録しているGP（一般医；general practitioner）診療所の診察を受け，その後，地域助産師やGPによる妊婦健康検査（以下，妊婦健診）を受ける。分娩の98％が，オープンシステムの医療機関で行われ，産後は6時間〜24時間程度で退院する。退院後は妊娠中に担当していた地域助産師が10日まで3回の家庭訪問を行い，新生児のケアや母体の健康診査，育児相談，母乳育児支援等を行う。その後産褥28日まで必要に応じて家庭訪問を行い，育児指導等の援助を提供している。

　アメリカでは妊娠すると，自分の医療保険のプランに沿って主担当者（産婦人科医（80〜90％），助産師（10〜20％，まれに家庭医）を選び，診療所（オフィス）で妊婦健診を受ける。分娩は主担当者があらかじめ提携している病院で行う。病院での分娩が99％である。通常分娩後24時間程度で退院し，退院後の訪問等の支援は行われていない。

　わが国において妊婦は，自分の選んだ産科医療機関で定期的な妊婦健診を受け，

分娩・産後の退院まで同一の産科医療機関で管理・支援されている[5]。わが国における妊娠・出産管理の具体的な流れは以下である。

　女性は妊娠が判明したら市区町村（市区町村役所や保健センター）に妊娠の届出をし，母子健康手帳（以下，母子手帳）の交付を受ける。妊娠の登録は 99.6%（厚生労働省，2021c）であり，ほぼ全例に母子手帳を活用した妊娠管理，胎児の健康管理がなされている。母子手帳の交付の際，妊婦に対しアンケートや助産師・保健師との面談を実施し，心身の健康状態および社会的状況のアセスメントを行い，要支援家庭の把握の機会としている自治体も多い（東京都，2009）。

　その後，妊娠・出産管理は産科医療機関によって行われる。産科医療機関での支援は医師による医療的な母子の健康診査や異常の予防といった身体的管理だけでなく，助産師による保健指導や母親学級，苦痛を伴う分娩時の産痛緩和や分娩介助，産後の入院期間（4〜6日程度）中に授乳指導，育児指導等が行われ，妊娠・出産・育児に関する知識や技術の指導，不安や悩みに対する相談等を行い，母親自身が自立して健康管理や子育てができるように支援している。その後，地域に戻り各々の家庭で子育てがスタートする。産科医療機関における支援は，母子の1か月健診で終了することがほとんどである。

　上記のようにイギリス・アメリカの妊娠・出産管理と日本のそれは，大きく異なる。日本において分娩による入院期間は4日〜6日であり，イギリス・アメリカの6〜24時間とは比較にならないほど長いという相違点がある。イギリス・アメリカでは分娩した翌日には退院し自宅で子育てをスタートするが，日本では4〜6日間母子が入院し，産科医療機関の看護職者が母体の心身の回復を助け子育てに向けた支援を行うのが特徴である。

　本研究において対象となる現象の主な場面は，この産科医療機関入院中の親子・家族への援助場面で起きている。産後の入院期間における「気になる親子」の発見，支援，他機関との連携には，産科医療機関は重要な役割があるといえる。

5　通常の妊娠・出産管理・支援は妊婦が自ら選んだ同一の産科医療機関で行われるが，里帰り出産の場合は自宅近くの病院・診療所で妊婦健診を受診し，出産間近になると里帰り先である実家近くの医療機関に転院し，分娩・産後入院を行う。他に，妊娠経過中に母体・胎児に何らかの異常や疾患が発見された場合などは，高度な妊娠・出産管理のできる周産期母子医療センターへ転院となる場合がある。

3．母子保健施策を活用した子ども虐待防止対策

わが国の母子保健施策は母子保健法（1965）をはじめ，児童福祉法（1948），少子化対策基本法（2003）等を根拠とし，思春期から妊娠，出産，乳幼児期を通じて体系的に展開されている。思春期から幼児期までの主な施策を図 1-1 に示す。施策は「健康診査等」「保健指導等」「療養支援等」「医療対策等」の 4 つに大別されている。2016 年の母子保健法の改正において母子保健施策が児童虐待の発生予防・早期発見に資するものであることが明記された。

妊娠の届け出および母子手帳の交付で妊婦の把握が自治体により行われても，妊娠から出産直後は産科医療機関で健康管理され，自治体の支援が始まるのは産後の新生児訪問（希望者）や乳児健診（3・4 か月健診）からであることが多く，妊娠・出産期間の自治体の支援は母親学級などの開催はあるものの，すっぽり抜けている状況であった。そのため，妊娠期からの切れ目ない支援を目指し，2017年に「子育て世帯包括支援センター」が法定化され，市町村に設置義務化された。母子保健サービスと地域子育て支援拠点等の子育て支援サービスを一体的に提供できるよう，必要な情報提供や関係機関との調整，支援プランの策定などを行う施設である。これまで縦割りだったサービスを，連携調整し包括的なサービスの提供が整備されてきている。2020 年 4 月現在，全市町村の 7 割に設置されている。

産科医療機関を退院し地域に戻った親子は，新生児訪問やこんにちは赤ちゃん事業による訪問指導を受けることができる。こんにちは赤ちゃん事業の実施率は99.0％であり（厚生労働省，2020，2019 年 4 月時点），生後 4 か月までにほとんどの家庭が訪問事業を受けている状況だといえる。またこの事業は，支援が必要な家庭を早期発見し適切なサービスにつなげるという子ども虐待のスクリーニングも目的としている。その後は乳児健診，1 歳 6 カ月・3 歳児健診等の子どもの健診を通じて親の不安や悩みに応え，育児不安の軽減，子育て支援を行い，また要支援親子の発見と継続支援を行っている。

産後，家族等から十分な家事および育児など援助が受けられない母子で，産後に心身の不調または育児不安等がある者，その他特に支援が必要と認められる者を対象とした「産後ケア事業」は，2015 年に本格的に実施が開始され，2021 年には市町村の努力義務化として法律で規定され，充実が図られている。「産後ケア事業」には，宿泊型，デイサービス型，アウトリーチ型の支援がある。産科医療機関の空きベッドを利用した宿泊型や助産院による宿泊型支援等が少しずつ設置

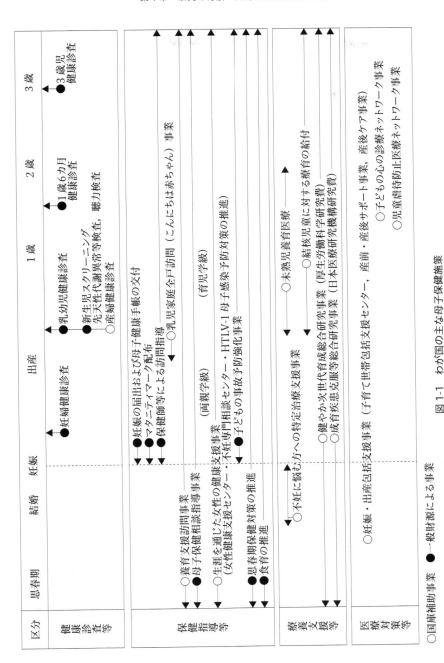

図 1-1　わが国の主な母子保健施策

出典：厚生労働統計協会（2021）国民衛生の動向，p.110 を筆者が転記

されてきているが，市町村により提供できるリソースには差があり，今後のサービスの充実が期待される。

2017年には「産婦健康診査事業」が，産後うつの予防や新生児への虐待予防（ネグレクトや心中による子ども虐待）等を図るため，創設された。産後2週間，産後1か月という出産後間もない時期に，母親の身体・精神状態等について健診を行い支援の必要な産婦を把握し，産後ケア事業のサービスにつなげ支援を行っている。

以上のように妊娠期から子育て期まで母子保健関連施策を活用し，母親の不安軽減や孤立した子育てを予防し，子育てをするすべての親に対して広く支援を行い，またそのなかで支援の必要な親子を見出し，子ども虐待発生予防に向けた支援を行う事業が徐々に整備されてきている。

4．産科医療機関と他機関との連携

上記のように，乳児の虐待の発生予防には妊娠期からの切れ目のない支援が必要とされ，そのためには妊娠・出産管理を行う産科医療機関と保健・福祉機関の連携が重要である。小林（2010）は乳幼児の虐待死亡事例の鍵機関は保健と医療であるとし，産科医療機関で早期にハイリスク児を把握し，保健機関と連携することの重要性を述べている。栗原ら（2010）の調査で，周産期のメンタルヘルスと虐待予防に関して先駆的な取り組みを行っている医療機関の院内システムの基本構造として，予防は産科が主となり，虐待発見は小児科を主として他科全般におよんでいたことが確認された。そして産科でのイニシアティブをとっていたのが助産師であったと報告されている。渡辺（2007）は実践的な経験としながらも，産科臨床の看護職が日常生活ケアをしながら把握している不自然さを元に保健所に連絡が入り，直接的な在宅支援をした場合，ほぼ全数に頻回な家庭訪問や関係制度への橋渡しが必要であったと述べ，産科臨床の看護職者のアセスメント力の確かさと連携の効果を示している。

しかし，産科医療機関と保健等機関との連携はなかなか進まず，厚生労働省から数回にわたり連携促進のための通知が発令されている（厚生労働省，2011；2012）。2016年度の児童福祉法の改正では，子ども虐待防止対策において重要な役割を担っている医療関係職種の例示に，新たに助産師，看護師が加えられた。また，支援を要すると思われる妊産婦等を把握した医療機関などは市町村に情報提供することが努力義務となり，情報提供の壁となっていた守秘義務違反にはな

らないとされた。産科医療機関と他機関が連携を図るための環境は少しずつ整っている。

　岡山県の「妊娠中からの気になる母子支援連絡システム」は，産科医療機関における社会的に気になる妊産婦の情報を市町村へ情報提供を行い，支援につなげることで児童虐待相談対応件数が減少したと，連携の効果が報告されている（横溝ら，2021）。産科医療機関においても，妊娠期から社会的なハイリスク妊婦を発見し，信頼関係を構築しケアを提供するとともに，他機関と連携支援していく実践報告等も散見され（岡本ら，2018；佐藤，2019），産科医療機関の実践も進んでいることがわかる。

　子育てのスタートである妊娠期から母親に関わり，時には直接肌に触れケアを提供していく看護職者は，妊婦健診や産後の入院期間のなかで，信頼関係を構築し母親・家族の情報を収集し，それをふまえて母乳哺育や育児という新たな課題に母親が適応するのを支援している。そのような支援を通じながら，看護職者が「気になる親子」に気づき，アセスメントし，保健・福祉機関等へつなげていくことができれば，上記の実践報告のように生後間もない子ども虐待の予防に寄与することができるのではないだろうか。

第2節　研究の目的と意義

　本研究の目的は，産科医療機関に勤務する助産師・看護師が妊婦健診や分娩前後の入院期間中に，「気になる親子」に気づき他機関に情報提供し連携が発展するプロセスを明らかにすることである。

　「気になる親子」の発見から連携が発展するプロセスが明らかになることで，産科医療機関で「気になる親子」を発見し，他機関との連携を促進するための有効な方略を検討し，乳児の虐待発生予防に寄与できると考える。

第3節　研究方法の選択

　先行研究においては産科医療機関を対象とした研究は少なく，産科医療機関においてどのように「気になる親子」を発見するのか，他機関との連携がどのように各々の専門職者に変化をもたらし発展していくのか，その本質には迫れていない。これまで知見の得られていない現象であり，その現象をリアリティをもって各専

門職者の行動の説明モデルを捉えたいと考え，研究方法には M-GTA（Modified Grounded Theory Approach）を選択した。

M-GTA は社会的相互作用に関する人間の説明モデルである理論の生成を志向している（木下，2020）。適している研究として，人間と人間が直接的にやり取りをする社会的相互作用に関わる研究，対象とする現象がプロセス的性格をもっている研究であるといわれている（木下，2007）。

本研究における現象は，人と人，組織と組織の相互作用のなかで行われている。看護職者が，「気になる親子」にどう気づき，連携を発展させるまでにどのような行動や判断を伴うのか，この行為はプロセス的性格を強く持っている。また看護職者と対象の親子，看護職者と看護職者，看護職者と他機関の専門職者という，人間と人間が直接やり取りをする社会相互作用の要素が強い。また，産科医療機関における「気になる親子」の気づきを促進し，連携を発展させるために，研究により得られた理論を応用する。以上の理由から，本研究のデータ分析には M-GTA を用いることにした。

引用文献

Brown, D. W., Anda, R. F., Tiemeier, H., Felitti, V. J., Edwards, V. J., Croft, J. B., Giles, W. H. (2009). Adverse Childhood Experiences and the Risk of Premature Mortality. *American Journal of Medicne*, 37 (5), 389-96.

Butchart, A., Harvey, P. A., Mian, M., & Fürniss, T. (2006). Preventing child maltreatment : a guide to taking action and generating evidence.（小林美智子監修，藤原武男，水木理恵監訳，坂戸美和子，富田拓，市川佳代子訳（2011）．エビデンスに基づく子ども虐待の発生予防と防止介入—その実践とさらなるエビデンスの創出に向けて．pp.23-39，明石書店．）

Child Welfare Information Gateway（2015）Understanding the Effects of Maltreatment on Brain Development. https://www. childwelfare. gov/pubPDFs/brain_development. pdf（参照 2016 年 8 月 15 日）

e-stat 統計でみる日本（2021）．人口動態調査／人口動態統計　各定数　出生　出生数, 都道府県（特別区−指定都市再掲）・市部−郡部・出生の場所別 2020. Retrieved from：https://www. e-stat. go. jp/stat-search/files?page=1&layout=datalist&toukei=00450011&tstat=000001028897&cycle=7&year=20200&month=0&tclass1=000001053058&tclass2=000001053061&tclass3=000001053064&stat_infid=000032118566&result_back=1&tclass4val=0（参照：2022 年 2 月 16 日）

藤野京子（2008）．児童虐待は後年の生活に及ぼす影響について．犯罪心理学研究, 46(1), 31-43.

木下康仁（2007）．ライブ講義 M-GTA 実践的質的研究法修正版グラウンデッド・セオリー・アプローチのすべて．弘文堂．

木下康仁（2020）．定本　M-GTA—実践の理論化をめざす質的研究方法論．医学書院．

小林美智子（2010）．虐待問題が日本の社会に鳴らした警告―虐待防止法までの 10 年，その後の 10 年，そしてこれからの 10 年．子どもの虐待とネグレクト，12(1)，8-24.

厚生労働省（2011）．妊娠・出産・育児期に養育を特に支援する家庭に係る保健・医療・福祉の連携体制の整備について．Retrieved from：http://www. mhlw. go. jp/bunya/kodomo/pdf/dv110805-3. pdf（参照 2013 年 6 月 1 日）

厚生労働省（2012）．児童虐待防止のための医療機関との連携強化に関する留意事項について．http://www. mhlw. go. jp/bunya/kodomo/pdf/dv121203-1. pdf（参照 2022 年 2 月 16 日）

厚生労働省（2020）．乳児家庭全戸訪問事業の実施状況調査．https://www. mhlw. go. jp/content/11900000/000824853. pdf（参照 2022 年 2 月 15 日）

厚生労働省（2021a）．令和 2 年度　児童相談所での児童虐待相談対応件数．https://www. mhlw. go. jp/content/000863297. pdf（参照 2022 年 2 月 15 日）

厚生労働省（2021b）．子ども虐待による死亡事例等の検証結果等について．社会保障審議会児童部会児童虐待等要保護事例の検証に関する専門委員会　第 17 次報告．https://www. mhlw. go. jp/content/11900000/000825392. pdf（参照 2022 年 1 月 25 日）

厚生労働省（2021c）令和元年度地域保健・健康増進事業報告の概況．結果の概要　地域保健編．https://www. mhlw. go. jp/toukei/saikin/hw/c-en/19/dl/kekka1. pdf（参照 2022 年 2 月 15 日）

厚生労働統計協会（2021）国民衛生の動向 2021/2022．厚生の指標 増刊，68(9).

栗原佳代子，杉下佳文，池田真理，山崎あけみ，古田正代，山本弘江，大塚寛子，上別府圭子（2010）．周産期のメンタルヘルスと虐待予防のための育児支援システム構築に関する研究（2）．子どもの虐待とネグレクト，12 (1)，69-77.

岡本陽子，和田聡子，光田信明（2018）．養育困難：虐待―周産期からの鳥組みを紹介してください．（特集：How to Follow-up Q&A-2018 アップデート）．周産期医学，48 (9)，1083-1087.

佐藤拓代（2019）．産科退院後の虐待予防―地域保健との連携．周産期と医療安全　各論 【新生児】．周産期医学，49 (5)，775-777.

杉山登志郎（2007）．子ども虐待という第四の発達障害．pp.8-111，学研.

東京都（2009）．母子保健事業における要支援家庭の早期発見・支援のポイント．2-5.

友田明美（2016）．被虐待児の脳科学研究．児童青年精神医学とその近接領域，57 (5)，719-792.

Wada, I. & Igarashi, A.（2014）．The social costs of child abuse in Japan. *Children and Youth Service Review*, 46, 72-77.

渡辺好恵（2007）．周産期医療と虐待予防―保健機関との連携のポイント．In：どう関わるか―子ども虐待　Ⅴ．医療・保健・教育・福祉の連携．小児科臨床，60 (4)，791-796.

横溝珠美，二宮忠矢，片岡久美，中塚幹也（2021）．妊娠中からの子ども虐待予防：妊娠中からの気になる母子支援連絡システム（岡山モデル）の 8 年間の取り組み．日本公衆衛生雑誌，68(6)，425-432.

第2章

研究の枠組み

第1節　本研究の枠組み

1．研究を構成する4つの研究

　本研究の枠組みを図2-1に示す。研究は大きく分けて，総合病院（産婦人科病棟・外来）と産婦人科病院・診療所の2つの柱からなる。そして研究テーマは『親子に対して「気になる親子」と感じ，他機関への情報提供ケースとして確定するプロセス』（研究テーマ1）と『「気になる親子」の情報を提供してから他機関との連携が発展するプロセス』（研究テーマ2）の2つからなり，全体として4つの研究で構成されている。研究結果から総合病院と産婦人科病院・診療所の差異を検討する。

2．研究を総合病院と産婦人科病院・診療所の2つに分けた理由

　研究を総合病院と産婦人科病院・診療所の2つに分けた理由は，以下である。産科医療機関でも総合病院と産婦人科病院・診療所では，次のような相違がある。わが国の分娩の約半数（45.5％）を担うのは診療所である（e-state, 2021）。しかし助産師の就業割合は，病院61.5％，診療所22.6％と，助産師の就業が病院に偏在している（厚生労働省，2022）。産婦人科病院・診療所においては，少ない助産師数で出産に関わる援助を看護師と協働で行っていることになる。また，産婦人科病院・診療所は医師が個人で開業している場合が多く，病院経営者である医師個人の価値観や診療方針により提供される医療・看護も変化すると考えられる。周産期母子医療センターを含む総合病院では，ハイリスク出産を取り扱っており，一方産婦人科病院・診療所はローリスクな出産が中心である。このように産科医療機関であっても総合病院と産婦人科病院・診療所では，その医療・看護の体制や援助の内容は異なる点がある。

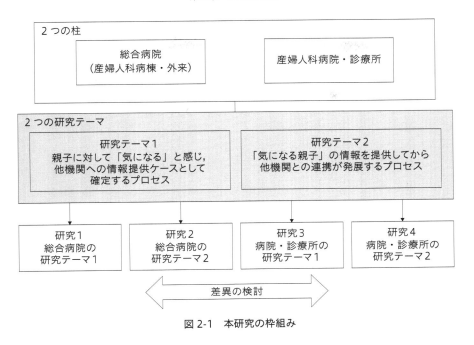

図 2-1　本研究の枠組み

　以上のような相違点のある産科医療施設を 2 つに分け，データの範囲を限定することで，施設各々のプロセスの類似点や差異を検討し，施設の特徴に合わせた対策を検討していきたいと考えたからである。

　3．明らかにしたい現象を 2 つに分けて分析した理由
　明らかにしたいと考えていた現象は，産科医療機関の看護職者がどのように「気になる親子」に気づき，どのように他機関の専門職者との連携を発展させるのか，そのプロセスである。当初は一つの分析テーマで分析を始めたが，納得のいく分析ができず悩んだ。M-GTA 研究会の発表の機会に助言を受け，分析テーマが大きすぎ，現象特性が異なるものを一つにして分析していることに気づき分析テーマを分けることにした。
　研究テーマである現象は産科医療機関内において看護職者が妊婦健診や分娩での入院期間中に，母親や家族へのケアの中で「気になる」と感じるところから始まる。そして他機関へ情報提供するまでの病院内でのさまざまな相互作用の段階を経て情報提供へと至る。ここでの社会的相互作用は，母親と看護職者，家族と

看護職者，看護職者同士，看護職者とその他の医療者等と，病院内での相互作用が主である。一方，他機関へ情報提供が行われた以後は，産科医療機関の看護職者と保健機関や福祉機関の専門職者との社会的相互作用が主である。

　このように明らかにしたい現象の特性や社会的相互作用の相手が異なるため，前半の「気になる親子」への気づきから情報提供ケースと確定するプロセスと，後半の「気になる親子」の情報を提供してから他機関との連携が発展するプロセスの2つに分析テーマを分け研究を行った。

第2節　本研究における分析テーマと分析焦点者の設定

1．分析テーマの設定

　前項で説明したように，現象特性の違いから明らかにしたい現象を2つに分けた結果，分析テーマは以下の2つとなった（唐田ら，2014; 2015; 2019a; 2019b）。

研究1・3
産科医療施設（総合病院）／産婦人科病院・診療所の看護職者が親子に対して「気になる」と感じ，他機関への情報提供ケースとして確定するプロセス
研究2・4
産科医療施設（総合病院）／産婦人科病院・診療所の看護職者が「気になる親子」の情報を提供してから他機関との連携が発展するプロセス

2．分析焦点者の設定

　明らかにしたい現象の産科医療施設による差異を検討するために，研究の柱を産科医療施設（総合病院）と産婦人科病院・診療所に分けたため，分析焦点者は以下の2つとなった。

研究1・2
産科医療施設（総合病院）に勤務し「気になる親子」を支援する看護職者
研究3・4
産婦人科病院・診療所に勤務し「気になる親子」を支援する看護職者

第 3 節　本研究における「研究する人間」

　M-GTA における「研究する人間」は研究者を主題化する基軸の考え方であり，誰が何を目的にその研究を行うのかに関する倫理面と，データの意味の解釈をどのように行うのかの分析方法論の両面から研究者を位置づける（木下, 2020）ものである。その意義は，誰が，何のために，研究を行っているのかを常に意識し，意義と目的をふまえた具体的な問（分析テーマと分析焦点者）を立て，それに向かう存在として「研究する人間」を研究の中心に据えることで，データの意味の解釈を深められることである。また，理論的サンプリング，理論的飽和等の判断を納得感をもって判断することができる。

　本研究における「研究する人間」は，この研究に対して以下のような考え方をもち，それを意識し研究に取り組む人である。研究者は助産師である。妊娠・出産・子育ては一連の流れで営まれ，子育ては出産後からスタートするのではなく，妊娠期からすでにスタートしている。子育てのスタートラインに関わる専門職として，助産師は妊娠期から子育てに向けた支援を行うことが必要であり，それが子ども虐待防止にもつながると考えている。助産師や看護師が日々の援助の中で，子育て支援，虐待予防へと視点を広げ，「気になる親子を」発見し，他機関へつなぎ，適切な支援を受けられるようにすることで，親が自分なりの子育ができると思いこの研究に取り組んでいる。そして，臨床の現場にその理論を応用したいと考えている。

第 4 節　倫理的配慮

　インタビュー実施前に研究参加者に対して協力依頼説明書を用いて，調査の目的，調査方法・所要時間，自由意思による参加である，途中辞退を含む辞退する権利がある，プライバシーへの配慮を行う，研究結果の公表の了解を得ること等の倫理的配慮を説明し，同意書への署名を得た。研究当時所属していた大学の研究倫理審査委員会の承認を得て実施した。

第5節　用語の定義

以下は，本書で用いる用語の定義である。

「気になる親子」：現在のところ明らかな虐待の所見はないが子ども虐待のリスク因子が存在したり，親子の様子に違和感や不自然さをもち，地域の支援が必要で他機関へ情報提供したいと感じる親子とする。

「子ども虐待」：親または親に代わる養育者等により引き起こされた，子どもの健康に有害なあらゆる状態とする。児童虐待防止法による定義より広い意味と捉え，不適切な養育（マルトリートメント）を含む，包括的な定義とした。

「援助」：対象者のニーズを満たす，あるいは看護の目標を達成するために行う行為であり対象者の観察やモニタリング，見守りを含める。

「支援」：対象者のニーズを満たすため，あるいは対象者を望ましい状態にするために行う直接的・間接的な行為とする。援助より広い概念であり，多職種・組織間の連携を含める。

「産科医療施設（総合病院）」：医療法による19床以上の病院であり，複数の診療科目を有する施設で，診療科目の中に産科のある施設である。ハイリスクな母子の治療を行う周産期母子医療センターを厚生労働省から指定されている施設も含める。新生児を中心に治療・看護するNICU病棟は含めない。

「産科医療施設（産科単科病院・診療所）」：医療法による19床以上の病院であるが診療科目が主に産婦人科の施設と，医療法による19床未満の診療所で診療科目が主に産婦人科の施設である。いわゆる個人病院と称される施設（クリニックや医院を含む）を指す。

「看護職者」：産科医療機関に勤務する助産師・看護師として用いる。

「連携」：Leutz（1999）の連携の3つの水準を参考に，情報・援助の集約化や，コーディネーション機能も明確にはされていないが，地域のどこで何が行われているのかについての認識が共有されている「ゆるやかな連携」（linkage）のレベルから発展するものとらえ，以下のように定義する。支援において，異なる分野の専門職者ないし各機関が共通の目標を達成するための活動を展開するプロセス。

引用文献

e-stat 統計でみる日本 (2021). 人口動態調査／人口動態統計　各定数　出生　出生数, 都道府県 (特別区 – 指定都市再掲)・市部 – 郡部・出生の場所別　2020. https://www.e-stat.go.jp/ stat-search/files?page=1&layout=datalist&toukei=00450011&tstat=000001028897 &cycle=7&year=20200&month=0&tclass1=000001053058&tclass2=00000105306 1&tclass3=000001053064&stat_infid=000032118566&result_back=1&tclass4val=0 (参照：2022 年 2 月 16 日)

唐田順子, 市江和子, 濱松加寸子 (2014). 産科医療施設 (総合病院) の看護職者が「気になる 親子」を他機関への情報提供ケースとして確定するプロセス―乳幼児虐待の発生予防を目指し て. 日本看護研究学会雑誌, 37 (2), 49-61.

唐田順子, 市江和子, 濱松加寸子 (2015). 産科医療施設 (総合病院) の看護職者が「気になる 親子」の情報を提供してから他機関との連携が発展するプロセス―乳幼児虐待の発生予防を 目指して. 日本看護研究学会雑誌, 38 (5), 1-12.

唐田順子, 市江和子, 濱松加寸子, 山田和子 (2019a). 産婦人科病院・診療所の助産師が「気 になる親子」を他機関への情報提供ケースとして確定するプロセス―子ども虐待の発生予防 を目指して (第 1 報). 日本看護研究学会雑誌, 42 (1), 75-85.

唐田順子, 市江和子, 濱松加寸子, 山田和子 (2019b). 産婦人科病院・診療所の助産師が「気 になる親子」の情報を提供してから他機関との連携が発展するプロセス―子ども虐待の発生 予防を目指して (第 2 報). 日本看護研究学会雑誌, 42 (2), 219-230.

木下康仁 (2020). 定本　M-GTA―実践の理論化をめざす質的研究方法論. 医学書院.

厚生労働省 (2022). 令和 2 年衛生行政報告例 (就業医療関係者) の概況：1. 就業保健師・助 産師・看護師・准看護師. https://www.mhlw.go.jp/toukei/saikin/hw/eisei/20/ (参 照 2022 年 2 月 16 日)

Leuts, W. N. (1999). Five laws for intergrating medical anc social services: lessons from the United State and the United Kingdom. *The Milbank Quarrerly*, 77 (1), 77-110.

第3章

研究1　産科医療施設（総合病院）の看護職者が「気になる親子」を他機関への情報提供ケースとして確定するプロセス

　この章では，総合病院（産婦人科病棟・外来）の看護職者の「気になる親子」への気づきから情報提供ケースとして確定し，他機関との連携が発展するプロセスの前半部分の研究について述べていく。

第1節　研究の目的

　産科医療施設（総合病院）に勤務する看護職者が妊婦健診や分娩前後の入院期間中に，どのように「気になる親子」に気づき，他機関への情報提供ケース[1]として確定していくのか，そのプロセスを明らかにする。

1　本研究において「他機関への情報提供ケース」とは，産科医療機関の看護職者たちが援助のなかで地域における支援が必要だと感じる「気になる親子」を発見し，母親・家族の同意を得て，支援を要請するために保健機関等へ書類や電話等で情報提供するケースのことである。「気になる親子」全例が情報提供ケースとなるとは限らず，母親・家族の同意が得られない場合は，気になりながらも情報提供ケースとはならない。同意が得られない場合でも情報提供が必須であると看護職者が判断すれば，同意を得ていないことを明示し他機関へ情報提供する場合もある。
　厚生労働省が2011年に以下のような通知を発出した。産科医療機関の他機関への情報提供は，この連携の第一歩だといえる。「子ども虐待においては生後間もない子どもをはじめとした乳児期の子どもが多くを占めており，その背景には，母親が妊娠期に一人で悩みを抱えていたり，産前産後の心身の不調や家庭環境の問題があるものと考えられるとし，妊娠・出産・育児期に養育支援を特に必要とする家庭に係る保健・医療・福祉の連携態勢の整備をお願いする」

第2節　研究参加者とリクルート方法

　研究参加者は，産科医療施設（総合病院）に勤務する「気になる親子」を支援した経験をもつ，産科経験年数3年以上の看護職者（助産師，看護師）で，施設の看護管理者の推薦を受けた人とした。産科経験3年以上とした根拠は，Benner（1984/2005）の中堅看護師の定義を参考に，「気になる親子」に気づき，他機関との連携に向けた行動ができるのは，親子の子育てという長期目標をふまえて状況の意味を認識できる中堅看護職者であると考えたからである。

　産科医療保障制度に加入している，関東1都6県および東海4県の総合病院，周産期母子医療センターの中から，施設を無作為に選定し，看護管理者に調査協力者選定依頼文を送付し，調査協力者を推薦可能な場合はハガキの返信を依頼した。合計173通の依頼文を送付した。推薦可能との意思を示した施設の看護管理者へ，調査協力候補者宛ての依頼文・インタビュー内容・返信ハガキを送り，調査協力候補者への配布を依頼した。協力可能な候補者には希望連絡先・日時をハガキに記入した上で返信を依頼した。返信のあった候補者に希望された連絡方法で連絡をとり，インタビュー日時を決定した。

第3節　データの収集方法

　データは2011年9月から2012年7月にかけて収集した。インタビューは半構造化面接により行った。面接は各施設内でプライバシーの保たれる個室で実施した。

　主なインタビュー内容は，以下である。

①あなたが「何か気になる」と思う親子とは，どのような親子ですか

②「気になる親子」に気づいたのはどのようなことからでしたか

③「気になる親子」と判断するまでにはどのような行動をとりましたか

④対象となった「気になる親子」を保健機関等に連絡しようと思った理由やきっかけは，どのようなものでしたか

⑤実際に連絡はどのような手順を経て行われたのですか

⑥「気になる親子」への医療機関での支援はどのようなものでしたか

⑦このようなケースをとおして，何を感じられましたか（自由に）

　できるだけ調査協力者の語りを遮らず自由に語ってもらえるように配慮した。インタビュー内容は調査協力者の許可を得て録音した。

第4節　分析テーマ

　産科医療施設（総合病院）に勤務する看護職者が，親子に対して「気になる」と感じ，他機関に情報提供するケースとして確定するプロセス

第5節　分析焦点者

　産科医療施設（総合病院）に勤務し，「気になる親子」を支援する看護職者

第6節　分析方法

　具体的な分析手順は次のとおりである。
①インタビュー内容から作成した逐語録を熟読し，分析テーマと分析焦点者に照らしてデータを解釈し，概念を生成した。概念の生成には，分析ワークシートを使用した。概念生成は，a. 着目したデータを分析ワークシートの具体例に記入し，その意味を解釈する。→b. その解釈を理論的メモに記載する。→c. 定義を設定する。→d. 定義を短いインパクトのある言葉で概念名をつける。概念名はなるべく「うごき」が表現できるようにする。以上の手順で行った。
　常に分析焦点者と分析テーマを意識しながら分析できるよう，分析ワークシートにはこの2つを記載した。また「相互作用欄」を追加し，誰と誰の相互作用による概念なのかを明示できるようにした。
②生成した概念の定義に照らし合わせてデータを継続比較分析し，類似例だけでなく対極例を探し，解釈が恣意的に進まないよう配慮した。1つの概念の生成中は他の概念の生成は行わず，その概念の定義とデータの比較に集中できるようにした。比較中に気になる他のデータは理論ノートに記載し，次の概念生成候補とした。
③概念名や定義は，追加される具体例を的確に表現できるように見直し修正した。これにより最初に設定した定義より，より多くの具体例を包括できる抽

象度の高い定義を設定することができた。

④概念の生成過程において，その概念と関係する他の概念や，分析により明らかになるプロセスとの関係を推測的に検討し，そのアイディアを理論的メモに記載していった。

⑤理論的メモや分析テーマを参考に，複数の概念の関係を図式化しながらカテゴリーを生成した。中には複数の概念のまとまりを内包するカテゴリーが生成され，その場合，カテゴリー内の概念間のまとまりでサブカテゴリーを生成した。

⑥分析テーマを念頭に，プロセスの全体を構成する概念やサブカテゴリー，カテゴリー相互の関連性を示す結果図を作成した。

⑦最後にプロセス全体を，主にカテゴリーレベルで文章化したストーリーラインを作成した。結果図とストーリーラインを検討する際，プロセスにおける説明力の高い概念は単独でサブカテゴリー，カテゴリーとした。

⑧分析ワークシートや具体例，定義，概念名等の修正や削除を行う場合は，すべての思考のプロセスを残すため，見え消し線等を活用し，分析の軌跡を残すように工夫した。

第7節　結　果

1．研究参加者の概要

　25人の看護職者（総合病院9，周産期センター指定総合病院16）から本研究への同意が得られ，インタビューを行った。研究参加者はほぼ助産師であったため，全て女性であった。年齢は28歳〜57歳で，平均年齢43.0歳であった。経験年数は6年〜31年で，平均15.2年であった。職種は助産師が24人，看護師が1人であった。院内に虐待防止委員会が設置されていたのは9施設であった。看護師1人のデータを含め分析した理由は，看護師から得られたデータが他の助産師のデータとの差がなく，どのように親子に対して「気になる」と感じ他機関に情報提供するのかが豊かに語られていたからである。

　インタビュー時間は51分〜107分で，平均75分（1時間15分）であった（表3-1）。

表 3-1　研究参加者の概要（総合病院）

事例	年齢	職種	経験年数（年）	病院区分	インタビュー時間（分）	院内虐待防止委員会設置の有無
1	40 歳代前半	助産師	16	周産期センター	104 分	有
2	30 歳代後半	助産師	12	総合病院	68 分	無
3	50 歳代後半	助産師	11	周産期センター	97 分	無
4	30 歳代前半	助産師	6	周産期センター	88 分	無
5	20 歳代後半	助産師	5	周産期センター	74 分	有
6	30 歳代前半	助産師	11	周産期センター	84 分	無
7	40 歳代前半	助産師	7	周産期センター	76 分	有
8	40 歳代前半	助産師	17	周産期センター	58 分	有
9	50 歳代後半	助産師	30	周産期センター	76 分	有
10	40 歳代前半	看護師	5	周産期センター	66 分	有
11	40 歳代後半	助産師	19	総合病院	73 分	無
12	30 歳代前半	助産師	7	総合病院	69 分	無
13	30 歳代後半	助産師	15	周産期センター	67 分	有
14	40 歳代前半	助産師	16	総合病院	51 分	無
15	40 歳代後半	助産師	23	総合病院	103 分	無
16	20 歳代後半	助産師	5	周産期センター	67 分	無
17	40 歳代後半	助産師	10	周産期センター	56 分	無
18	50 歳代前半	助産師	20	周産期センター	76 分	無
19	30 歳代後半	助産師	6	総合病院	94 分	無
20	50 歳代前半	助産師	28	周産期センター	80 分	有
21	40 代歳前半	助産師	16	周産期センター	56 分	有
22	50 歳代前半	助産師	22	周産期センター	69 分	無
23	40 歳代前半	助産師	15	総合病院	52 分	無
24	50 歳代前半	助産師	31	総合病院	107 分	無
25	50 歳代前半	助産師	27	総合病院	66 分	無

2．結果の概要とストーリーライン

　分析の結果，36 の概念，9 つのサブカテゴリー，6 つのカテゴリーが生成された。結果図を図 3-1（pp.34-35）に示す。結果の概要は以下である。以後，文中の〈　〉は概念，《　》はサブカテゴリー，【　】はカテゴリーを表す。

　産科医療施設（総合病院）に勤務する看護職者（以下，看護職者）が，親子に対して「気になる」と感じ，他機関への情報提供ケースとして確定するプロセスは図 3-1 に示すように，比較的時間的な流れに沿った段階的なプロセスであった。このプロセスの中心的な存在であるコアカテゴリーは，【長期的な子育てを見据え判断する】である。

　【長期的な子育てを見据え判断する】すなわち，看護職者が「気になる」と感じた親子が，退院後地域に戻って子育てを行っていくために他機関の支援が必要か否か，情報提供するべき親子か否かを判断することである。そのためには，長期的な視座が必要である。子育ては生活の中で毎日毎日 365 日，何年も長く続くものである。途中で嫌になってもやめられない。やめてしまえば育児放棄，ネグレクトになる。そのような〈長く続く子育ての特性を認識する〉ことが，「気になる親子」の判断には重要になる。一方，産科医療施設において看護職者と母親との関わりは，妊婦健診，分娩での入院，産後 5 日程度の入院，産後 1 か月健診で終結することがほとんどであり，病院という場に限定された短期間の関わりであるため，看護職者にとって長期的な視座が育ちにくい環境だといえる。このような環境にいる看護職者が【長期的な子育てを見据え（情報提供が必要な「気になる親子」と）判断する】ためには，上述した〈長く続く子育ての特性を認識する〉こと，とともに〈母親の仮の姿だと認識する〉の 2 つの認識が必要となる。〈母親の仮の姿だと認識する〉とは，病院で赤ちゃんに愛情を示したり，従順である母親の姿は，日々の家事や上の子の世話がない日常から切り離された環境の中で見せる仮の姿であるということを認識した上でさまざまな判断に臨むことである。〈長く続く子育ての特性を認識する〉，〈母親の仮の姿だと認識する〉の 2 つの長期的な視座が十分でない場合は，情報提供が必要な「気になる親子」の判断を誤らせることになる。

　【長期的な子育てを見据え判断する】は基本的には，《退院後の子育てを見極める》という一本の流れで，看護職チームで情報提供が必要な「気になる親子」と《結論を出す》ことにつながっていく。《退院後の子育てを見極める》ことは，まず入院という非日常的な生活で見せる母親の姿は〈仮の姿だと認識〉したうえで，

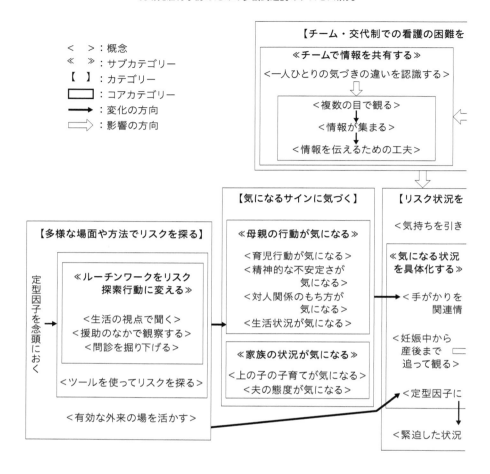

図 3-1　産科医療施設（総合病院）に勤務する看護職者が親子に対して「気になる」と感じ，
他機関に情報提供するケースとして確定するプロセス結果図（見開き）

　退院後の生活の中で繰り返される長い子育てを，〈母親自身の子育て力〉や周囲
の〈サポート力〉のバランスを見極め，危険を予測し，この先，母親・家族でや
っていけるか，それとも情報提供し地域の支援を依頼するか，看護職チームで結
論を出すというプロセスである。
　上記の基本的な流れに影響を与えているのが《地域での支援の必要性を認識す
る》である。看護職者は保健センターをはじめとする他機関との連携をとおし
て，家庭訪問による子育ての見守り・指導，生活支援等の〈他機関の支援内容を

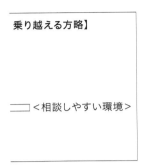

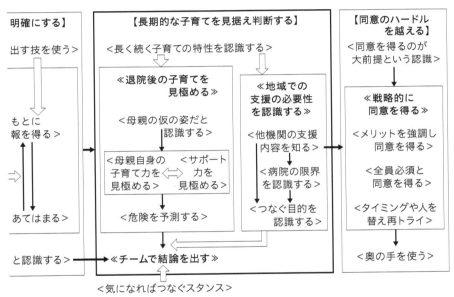

図 3-1　産科医療施設（総合病院）に勤務する看護職者が親子に対して「気になる」と感じ,
他機関に情報提供するケースとして確定するプロセス結果図（見開き）

知り〉,退院後の子育てを産科医療施設で担うのは困難であると〈病院の限界を認識する〉。さらに,情報提供は母親が他機関から必要な支援を受けて子育てできるようになるためであると,〈つなぐ目的を認識する〉ことにつながる。この《地域での支援の必要性を認識する》ことは,《退院後の子育てを見極め》,情報提供が必要な「気になる親子」と《チームで結論を出す》ことにつながっている。

　このコアカテゴリーを軸に,図 3-1 に示す理論（結果図）が生成された。全体のストーリーは,以下である。

　看護職者が〈定型因子を念頭におく〉といった子ども虐待の視点をもち親子に対し，【多様な場面や方法でリスクを探る】ことで，リスク因子や【気になるサインに気づき】，継続的に情報を得て【リスク状況を明確にする】。それをもとに《退院後の子育てを見極め》【長期的な子育てを見据え判断する】ことで支援の必要な「気になる親子」と判断し，【同意のハードルを越える】ことで情報提供ケースと確定することである。

　以下は，カテゴリーごとに考察を含めた分析結果を説明する。具体例（バリエーション）である語りは，ポイントを下げた『ゴシック文字』で示し，（　）は文脈を明確にするために研究者が補った。

　3．多様な場面や方法でリスクを探る
　カテゴリー【多様な場面や方法でリスクを探る】は1つのサブカテゴリー，6つの概念から構成される（図3-2）。

　【多様な場面や方法でリスクを探る】とは，看護職者が産婦人科外来や病棟の分娩室，病室，新生児室，授乳室等で親子に出会い，妊婦健診や保健指導，母体の心身の回復の観察，授乳・育児への援助を行う。このような多様な場面で，観察や問診，産後うつ問診表等のツールを使うといった方法で，リスクの探索を行うことである。

　〈定型因子[2]を念頭におく〉は，このカテゴリーの最初のプロセスであり，多様

2　定型因子とは，子ども虐待のリスク要因を指す。厚生労働省の「子ども虐待対応の手引き」や「子ども虐待死亡事例検証報告のリスクとして留意するポイント」を参考にし，以下のようなリスク要因が挙げられる。
〈保護者側のリスク要因〉
① 妊娠，出産，育児
　予期しない妊娠／計画していない妊娠，10代の妊娠，妊娠の受容困難
　産後うつ等精神的な不安定，多産，妊婦健診の未受診，母子手帳未発行，育児不安，乳幼児健診の未受診
② 保護者自身の性格や精神疾患等の身体的・精神的に不健康な状態
　性格が攻撃的・衝動的，精神疾患・知的障害・アルコール依存・薬物依存，被虐待歴
③ 家族間のストレス，住居・経済的な問題など
　未婚を含む単身家庭，内縁者や同居人がいる家庭，子ども連れの再婚家庭，人間関係に問題を抱える家庭，転居を繰り返す家庭，親族や地域社会から孤立した家庭，生計者の失業や転職の繰り返し等で経済不安のある家庭，夫婦の不和，配偶者からのDV
〈子どもの要因〉

な場面でリスクを探索する際の準備
状況といえる。

　看護職者がこれまでの経験や学習
で得た子ども虐待のハイリスク因子
を念頭においたうえで，母親や家族か
ら情報を集めることである。看護職者
からは単身家庭，若年妊娠，精神疾患
の既往，パートナーからのDV，経済
的問題等の多くのハイリスク因子が
語られている。

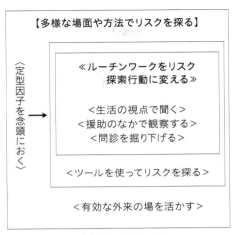

図 3-2　【多様な場面や方法で
リスクを探る】部分結果図

　『精神疾患を含め，いわゆる飛び込
み，未妊健の妊婦であるとか，経済的
な問題があるとか，後はサポートがい
ない，未婚でサポート者がいないとか，後，外国人とか，そんな感じですかね。これ
を育児をする上でのハイリスクみたいな感じで（考えて）（事例1）』
　『離婚しているとか，シングルとかというような，まず最初のその辺のリスク，ハ
イリスクといわれる，リスクの表がありますよね，ああいうのにひっかかるような人
たちに関しては，ちょっと要注意だというような目線は持ちます（事例24）』

　事例24では，文献に掲載されている「子ども虐待のリスク要因の表」を指す
語りがあり，一般的にリスクの定型とされているものを念頭においていることが
わかる。そして〈定型因子を念頭におく〉ことにより頭のなかのリスク因子と得
た情報を照らし合わせることが可能となる。

　次の段階として看護職者は，《ルーチンワークをリスク探索行動に変える》こと
を行う。これは問診や保健指導，授乳援助や育児援助等，母親へ提供される日常
援助をとおしてリスクを探ることである。3つの行動が語られていた。

　1つ目の行動，〈生活の視点で聞く〉とは，気になるサインに気づけるよう，よ

乳児期の子ども，未熟児，障害児，何らかの育てにくさを持っている子ども
文献：厚生労働省（2007）子ども虐待の手引き　第2章 発生予防．https://www. mhlw.
　go. jp/bunya/kodomo/dv12/02. html（参照 2022 年 8 月 13 日）
厚生労働省（2021）子ども虐待による死亡事例等の検証結果等について　第 17 次報告．
　https://www. mhlw. go. jp/content/11900000/000825392. pdf（参照 2022 年 8 月
　13 日）

り具体的な家族の生活の状況を母親から聞くことである。以下のように語られている。

　　『看護の視点というと，生活，暮らし。この人が，妊娠中の生活と暮らしが成り立つようにというのと，生まれた後は育児，子育ての，子どもが生まれた中での生活，暮らしが成り立っていっているのか。衣食住含めて。そういう視点で（観ています）（事例9）』
　　『胎児とお母さんだけじゃなくて。ご主人何時に帰って来てるの？　とか，後，上のお子さんどこ行ってるのとか，保育園とか，家にいるのとか，姑って大変だねとか，生活全体を見るので（事例2）』

　生活には衣食住，生計，上の子の子育てなど，日常のあらゆることが含まれるため，看護職者は具体的に聞き取っていることがわかる。
　2つ目の行動，〈援助のなかで観察する〉とは，看護職者が外来や入院中の援助の中で，親子に何か気になる点はないか，育児が順調か等を観察することである。赤ちゃんへの接し方，母親の顔色，母親の育児技術，ベッド周囲の状況等，多くの観察の実際が語られている。

　　『私がちょっとアンテナが高くなるのは，お子さんへの言葉かけの内容と，言葉かけの口調と，お母さんの表情ですね。その辺で違和感を覚えたりするとき，そういうのが気になる，の発端になることが多いかなと思います（事例13）』
　　『赤ちゃんへの接し方ですね。抱っこしたときのお母さんの表情とか，険しい表情をしていたりとか，赤ちゃんが泣いたときにどうしていいかわからないとか。赤ちゃんの泣きが激しくて，その対応に困っているようなお母さんというのは，絶対に入院期間中にいろいろが出てくるので，それなりに関わっていくというか（事例12）』

　日常の援助の中で観察したことから，「順調」と「何か気になる」に分かれていくのだろうと考えられる。その具体的な「気になる」サインは次のプロセスに位置することになる。
　3つ目の行動，〈問診を掘り下げる〉とは，看護職者がリスクを探すために，問診票を活用し情報を掘り下げて収集することである。経済面，夫の職業，夫の育児参加，祖父母の健康，実家のサポートの準備等，問診票を活用して多くの情報収集がなされている。

『（妊婦健診の問診で）まず情報をとるんですよね。その中で，経済的な問題があり
そうだなとか，実は夫婦の中に問題がありそうだとか，そういったことを発見してし
まった時に，さらに突っ込んで聞いたりとかしています（事例 12）』

『（問診票の）夫の職業のところで，会社員ってただ書いてあっても，具体的にどん
なお仕事なんですか？　とか。実際の育児の生活になった時に，（育児のサポートは）
どんな風になりそうですかとかまで聞いちゃっていたりするので，大体わかります
ね。正社員で働いているのかとか，派遣なのかとか（事例 14）』

「突っ込んで聞く」と表現されるように，問診票を活用しながら意図的に情報収
集していることがわかる。

以上のように，定型因子を念頭に置いて，意図的に〈生活の視点で聞く〉〈援助
のなかで観察する〉〈問診を掘り下げる〉ことができなければ，ルーチンワークは
単なるルーチンワークに終わってしまうことになる。

上記のルーチンワークのなかでリスクを探索する 3 つの行動以外の方法とし
て，〈ツールを使ってリスクを探る〉という方法がある。

〈ツールを使ってリスクを探る〉とは，看護職者が，チェックリスト等のツール
を使って，それを手がかりとしてリスクを探ることである。病院独自のハイリス
クチェックリストや EPDS（エジンバラ産後うつ病質問票）等のツールを用いて
いる。

『うち独自の，児童虐待防止のための視点でみていくチェック項目というのがある
んです。それを患者（妊婦）さんに書いていただくんです。それを見ながら，本人が
チェックしているところを詳しく聞いていったりとかして（事例 10）』

『病棟は DV スクリーニングをやってまして，そこで査定をして，プラスの方につ
いて個人的に面談するんですね。どういう感じなのかをふみ込んでいく（事例 14）』

病院においてツールを用いることが通常化されている様子がわかる。この語り
が得られた施設においては，子ども虐待に関する関心が高くスクリーニングの方
法として取り入れられていると推測される。

〈有効な外来の場を活かす〉は，看護職者が外来を母親自身が背負っている日常
生活を観察しやすく有用な場として活用することである。

看護職者は多様な場でリスクを探索するが，特に外来は有効であることが，以
下の語りからわかる。

『（妊婦さんは）自分の背負っている日常生活をくっつけて外来にいらっしゃっているので，外来で接することでキャッチするのが，しやすいかもしれないなというふうには思います（事例11）』

『（外来の方が）みえるかもしれないですね。（病棟も）どっちも経験はあるんですけど。話をする機会が，昼間のシフトな分多いんですよね。同じ人に関わっているわけではなくても，何回か担当として助産師外来とか関わっているので（事例14）』

　一定期間関わることのできる入院生活と異なり外来の妊婦健診では短時間の関わりであり，リスクを探ることは困難ではないかと予想していた。しかし，上記の語りのように看護職者は，来院時の服装や匂い，医療者に対する態度，上の子への接し方，夫の母親への態度などから「気になる」サインを感じとっていた。外来をリスクを探る場として，有効に活用していく必要がある。

　これまで述べたように，親子に対して「気になる」と感じる最初のプロセスは，子ども虐待のリスクの定型因子を念頭におく準備をしたうえで，【多様な場面や方法でリスクを探る】ことである。

４．気になるサインに気づく

　カテゴリー【気になるサインに気づく】は２つのサブカテゴリー，６つの概念から構成される（図3-3）。

【気になるサインに気づく】

≪母親の行動が気になる≫
<育児行動が気になる>
<精神的な不安定さが気になる>
<対人関係のもち方が気になる>
<生活状況が気になる>

≪家族の状況が気になる≫
<上の子の子育てが気になる>
<夫の態度が気になる>

図3-3 【気になるサインに気づく】部分結果図

　【気になるサインに気づく】とは，外来や病棟でリスクを探っている際に，母親や家族の小さなサインに対して「気になる」と感じている状況であり，大きくは，《母親の行動が気になる》と《家族の状況が気になる》の２つであった。

　《母親の行動が気になる》とは，看護職者が母親の行動に対して「気になる」と感じている状況である。具体的には，以下の４つのサインである。

　１つめのサイン〈育児行動が気になる〉とは，育児場面における母親の言動や行動，胎児に対する母親の妊娠管理行動に対して，看護職者が「大丈夫だろうか」と気になる状況で

ある。妊婦健診の定期受診ができない，育児場面において，1回指導すれば通常
1・2回の体験でできるようになるオムツ交換の習得に3日かかる，母親自身の
行動を優先し赤ちゃんを預けることが多い等，多様なサインが語られている。

　　『ミルクを飲ませる量とかも，毎回毎回飲ませてる人でも，どれぐらい飲ませたら
　いいですかと聞いてくる。明日退院なのに大丈夫かなと思ったりします（事例5）』
　　『赤ちゃんに集中してないというか。（赤ちゃんを）預けるとか，後はそこにいるけ
　ど手も出てないし，例えば携帯をやってて，視線を送ってないとか，触れてないとか
　（が気になります）（事例21）』

　この概念には全部で59の具体例が抽出され，最多であった。看護職者が最も
多く感じているサインであることがわかる。
　2つ目のサイン〈精神的な不安定さが気になる〉とは，看護職者が母親から話
を聞いたり，相談・指導をする中で，質問が多く不安が強い言動や，うつ的な言
動に対して「気になる」と感じている状況である。会話の際，落ち着いて話がで
きない，目を合わせられない，育児不安が産後日数が経つにつれ増えてくる等の
サインが語られている。

　　『大体，（育児不安の強い人は）訴えてこられる方のほうが多いと思うので，「赤ち
　ゃんが泣いてるんですけれども，どうしたらいいですか」っていうのを，生んだ直後
　であればみなさんそうなので，普通なんですけど。2・3日経っても同じ様だったり
　とか。抱き方が分からないとか，どうしていいか分からないとか，日数が経過してく
　ごとに強くなってしまう方は心配だなって思いますね（事例12）』
　　『スタッフにも，赤ちゃんにも表情もなく，ぼーっと，疲れ果てて。夜中にソファー
　でぼーっと見てたりとかすると，大丈夫かなって気になります。あとはスタッフに，
　能面のような顔をしてお話をされる方もいらっしゃるので，やはりそういう方は気に
　なりますね。何か裏に（精神）疾患が隠されているのかもしれないと思います。（事
　例13）』

　この概念にも28の具体例が抽出され，看護職者が多く感じているサインであ
る。入院中だけでなく，退院後の電話相談や産後の健診等の場面での気づきもあ
り，産後はホルモンの変動でうつ傾向になることもあり，多くのサインを感じる
要因の一つであると推察する。
　3つめのサイン〈対人関係のもち方が気になる〉とは，看護職者が妊婦健診や
入院中の生活の場面で，母親の対人関係のもち方に対して「気になる」と感じて

いる状況である。他人と交流できない，依存的・攻撃的な態度等のサインが語られている。

　　『会話のなかで，攻撃的な面がみえるとか，クレームじゃないですけど，細かく言ってくるとか。大丈夫かなぁみたいなところとかですかね（事例7）』
　　『他のお母さんたちとみんなで授乳しているときに，そこだけポツンとしていて，異様な，あんまり関わらないみたいな，赤ちゃんのことでも，他の方と，関わらない，話をしないみたいな感じです（事例18）』

　　4つめのサイン〈生活状況が気になる〉は，看護職者が妊婦健診や入院中の生活の場面で，母親や家族の衣食住等に関わる暮らしぶり対して「気になる」と感じている状況である。母親の身体がタバコ臭い，妊娠中にも関わらず睡眠時間が短い，ベッドサイドが汚い等のサインが語られている。

　　『やっぱり見た目ですよね。妊婦健診にいらっしゃったとき歯がないとか。すごくたばこ臭いとか。遠くに置いててもすごくたばこ臭い母子手帳を持ってるとか（事例4）』
　　『自分のベッドの周りの環境ですら整頓ができない。汚い。あとは自分の身なりに注意が払えない。血液がついたパジャマを着ていたから，着がえましょうか，「はい」って言っても，夜にまだそのパジャマを着て歩いていたり（事例19）』

　　看護職者は視覚や嗅覚といった五感を使い，サインに気づいている。
　　もう1つの気づきである《家族の状況が気になる》は，看護職者が家族に対して「気になる」と感じている状況であり，具体的には，以下の2つのサインである。
　　1つめのサイン〈上の子の子育てが気になる〉とは，妊婦健診や入院中の面会の際，母親が直接上の子に接している場面や母親の語った子育ての様子から，看護職者が気になると感じている状況である。上の子に厳しい，上の子を激しく怒鳴る，上の子の落ち着きがない等のサインである。

　　『お子さんをお連れになってたんです健診の時に。初診で9月3日，新学期が始まったばかりなんですが，何故か，小学校中学年と思われる子どもを一緒に連れてるんですよ。それで，「あれっ？」って思ったんです（事例6）』
　　『1カ月健診のときに，上の子が来ているっていったときに，どこにいるのって言

ったら，一人で車の中に置いてきたって言うから，ええって（事例 22）』

　事例 6 の語りは上の子が小学校に行っている時間であるにも関わらず，妊婦健
診に上の子を連れてきていたことから，上の子に対する教育ネグレクトを疑って
いる語りである。近年問題となっているヤングケアラーであることも考えられる
ケースである。

　2 つめのサイン〈夫の態度が気になる〉とは，看護職者が母親や医療者に対す
る夫の非常識な態度に対して「気になる」と感じている状況である。夫が母親に
執拗につきまとう，医療者にクレームをつける等のサインである。

　　『夫が必要以上に，妊婦健診にもついて来たり，赤ちゃんの成長を見たくてついて
　来てるっていう雰囲気ではなくて。健診をする医者にも食ってかかるような感じの態
　度だったり。後は，健診について来てる夫は内診台とかの方には入らないじゃないで
　すか，でも，そっちの方にまで入りたがる（事例 4）』
　　『DV が気になるケースの方は，大体，夫がついて回ってますよね。でその夫の態度
　が非常識で目に余ってしまったり，そういう態度で待合にいらっしゃることが多いよ
　うに，私は思っていて，保健相談は基本的には，妊婦さんと 1 対 1 なんですけど，そ
　れに呼んではないけれどやってきたりとか，という方も多いと思います（事例 12）』

　事例 4 のケースは最終的には DV であったことが判明している。事例 12 の語
りにもあるように，夫が母親に執拗につきまとうのは DV を疑うサインとしてと
らえることができる。
　以上のように，看護職者は母親の上の子への態度や夫の態度・行動についても
"気になって"おり，母親ばかりではなく，きょうだいや夫など他の家族の態度
にも目を配っていることが語られている。
　このカテゴリー【気になるサインに気づく】という段階では，《母親の行動が気
になる》《家族の状況が気になる》というサインに気づいている状況である。これ
はまだ個々の小さな気づきであり，支援の必要な「気になる親子」の判断のため
には次のリスクの明確化の段階を経る必要がある。

5．リスク状況を明確にする
　カテゴリー【リスク状況を明確にする】は 1 つのサブカテゴリー，5 つの概念
から構成される（図 3-4）。

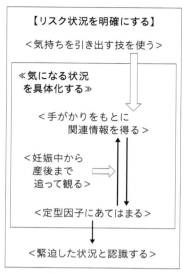

【リスク状況を明確にする】

＜気持ちを引き出す技を使う＞

≪気になる状況
を具体化する≫

＜手がかりをもとに
　関連情報を得る＞

＜妊娠中から
　産後まで
　追って観る＞

＜定型因子にあてはまる＞

＜緊迫した状況と認識する＞

図 3-4【リスク状況を明確にする】
部分結果図

【リスク状況を明確にする】とは，看護職者が気づいた小さなサインだけでは具体的にどのようなリスクが存在するのか不明であるため，追加情報を得ることが必要である。情報を得ることで今後の子育てにどのようなリスクがあるのかを明確にすることである。

《気になる状況を具体化する》は，うごきのあるサブカテゴリーで，2つのステップ〈手がかりをもとに関連情報を得る〉と〈定型因子にあてはまる〉が循環し，それに〈妊娠中から産後まで追って観る〉がその循環を促している。

ステップ1つ目〈手がかりをもとに関連情報を得る〉とは，看護職者が親子に対して「気になる」と感じたり，リスク因子に気づいた後，具体的な親子の状況を確認するために，気づいたことを手がかりに，複合的なリスクの因子は存在しないか，子育ての環境が整っているか等の関連情報を得ることである。未婚という情報から経済的なリスクはないか，母親が精神疾患合併という情報から家族の支援の状況はどうか等，気づいた情報から関連の情報を得ることが語られている。

『未婚っていうこと自体，経済的な問題は大丈夫なのか，誰が手伝ってくれるかっていうのは聞くことになっているので。自分の両親はこの妊娠を知ってるか，知らないか，本人が不快に思わない程度までは掘り下げて聞いていくので（事例1）』
『若年だったら，家庭環境，誰かサポートしてくれる人がいるのかとか，精神科の疾患があるとかだったら，その辺の状況がどうなのかとか，詳しくいろいろと聞いて（事例7）』

ステップ2つ目〈定型因子にあてはまる〉とは，看護職者が観察や問診等で得た関連情報が，念頭においていた子ども虐待のリスク因子と合致することである。定型因子すなわち子ども虐待のリスク要因（p.36 注2参照）である被虐待歴，予期しない／計画していない妊娠，妊婦健診の未受診，精神疾患の合併等が語られている。

『スタッフがいろいろ関わる中で，自分の生育歴を話していくときに被虐待経験が
あったとか，自分自身が施設で育ったということを語っていたとか，そういったこと
は気をつけていこうかなと（事例11）』
　　『望まない妊娠・出産ですよね。「私，産みたくない」「胎動があっても可愛くない，
可愛いと思えない」「嫌だ」「気持ち悪い」っていう言動。そして産まれた時も，会わ
ない，抱っこしないですね（事例17）』

　これらの語りから"気になる"と感じたサインの多くは関連情報によって，子
ども虐待のリスク要因につながっていくことがわかる。
　外来の妊婦健診で気になるサインやリスク因子を発見した場合は，産後の入院
期間や退院後の健診まで継続的に情報を得て，状況を具体化する。このように〈妊
娠中から産後まで追って観る〉ことによって《気になる状況を具体化する》こと
が促されるのである。

　　『外来通院中から気になる親子は吸い上げられていて，それで病棟に入院してきた
ら，また関わりをしていくような流れでやっているんですけれども（事例12）』
　　『産まれる前から問題がありそうな人は，外来に出てる（病棟）スタッフが受け持
ちをして，こっち（病棟）に入院してからも（継続して）みてあげられるような感じ
にしていく（事例16）』

　看護職者はリスクを明確化するための関連情報を得るために，母親の気持ちを
引き出す工夫をしている。話をよく聞く，さり気なく気づかう，予測をして引き
出す，ときや場を作る等の〈気持ちを引き出す技を使〉っている。産科では授乳
や乳房ケアといった母親へのタッチケアが多く，ケアの特徴を活かし肌に触れな
がら気持ちを引き出す技を駆使している。

　　『答えを出そうとしないで，話をよく聞くと，「あぁこういうことが言いたかったん
だ」っていうのがわかると，言葉で言わなくても，相手が安心していろいろ話してく
れるから。話しやすい場を作る，雰囲気を作ったり（しています）（事例17）』
　　『私なんかは意図的に，こんなに赤ちゃん泣いたら，お母さんはつらいよねというふ
うにして，いっぱい出させてあげるような関わりをしています。夜の授乳のときに，
どう，お母さん，よく頑張っているよねって声をかけると，ぼろぼろ泣きながら本当
につらいとか，いろんな話をしてくれるので（事例24）』

　看護職者が母親の気持ちに寄り添い，つらさに共感し受け止めることで母親が安心し，気持ちを吐露する状況が語りからよくわかる。

　図3-4，3-1に示すように，子ども虐待のリスク要因である〈定型因子にあてはまる〉親子の一部は，〈緊迫した状況と認識する〉ケースの場合がある。リスクを探索している段階で追加情報がなくても子ども虐待のリスクが複数存在し，緊急に支援が必要だと判断されるケースである。この場合は，妊娠中から産後まで追って観ることはせず，直ちに次の段階に進み，「気になる親子」と判断し，一気に支援へと進む。

　〈緊迫した状況と認識する〉とは，観察や問診で得た情報が，複数の定型因子にあてはまり，すぐに地域での支援を思いめぐらせるほど深刻な問題状況が発生しており，緊迫した状況として看護職者が認識することである。妊婦健診未受診での飛び込み出産，父親が不明で路上生活で住所をもたない，上の子が不審死を遂げている等が語られている。

　　『今度3人目の子どもさんだったんですね。上2人は全部お父さんが違う。それは自分の実母…（中略）…に預けている。その男性（胎児の父親）がDVだと。で，逃げてきたと。DVの保護で。もう，いろいろと市役所の人と話をしたんですけど。（事例3）』
　　『精神疾患，生活保護，アルコール中毒で，不安になっちゃうと，とにかくアルコールに走っちゃう。妊婦健診も，お酒の缶を持ちながら来ちゃうような人なんですね。入院中に地域との合同カンファレンスをしました（事例10）』

　語りのように，看護職者はケースが〈緊迫した状況と認識〉した場合は，直ちに合同カンファレンスを開くなど，病院単独で対応するのではなく他機関と連携し多職種チームで対応している様子が明らかになった。

　以上のように，小さなサインに気づき，関連情報を得て【リスク状況をより明確に】した後，「気になる親子」の判断のタイミングは，看護職者の判断で行われる。定型因子にいくつもあてはまり緊迫した場合はすぐに，そうでない場合は妊娠期から産後まで継続して情報収集することで，「気になる親子」と判断しているのである。

６．チーム・交代制での看護の困難を乗り越える方略
　カテゴリー【チーム・交代制での看護の困難を乗り越える方略】は１つのサブ

カテゴリー，5つの概念から構成される（図3-5）。
　"チーム・交代制での看護の困難"とは，病院においてチームで複数の看護職者が交代し看護を提供するという職場環境に起因して，交代の際に情報の伝達が途切れ，情報の共有化がされない場合があることをいう。
　具体的に説明すると，看護は入院している妊産婦・新生児に対して24時間体制で提供される。そのためチームで人が入れ替わり，日勤・夜勤の交代勤務で看護を提供することになる。また，新人・ベテランの混在チームで看護を提供する。さらに，妊娠期から分娩期への移行で外来から病棟へ看護提供の場や助産師・看護師が変わる。このような勤務の体制が"チーム・交代制での看護"であり，それによって起こるのが，看護職者間の情報の共有の困難さである。それを防ぐための方略が【チーム・交代制での看護の困難を乗り越える方略】である。そのために《チームで情報を共有する》ことを行っている。
　病院ではチームで医療や看護が提供される。看護チームには新人からベテランまで混在する。当然「気になる」と感じる部分や観察の視点も一人ひとり異なる。

　　『観る人が違ったら視点も変わるというのもあって，私は問題だと思わなくても次に観た人は問題だと思うこともあるので（事例8）』
　　『スタッフの察知能力というのに関しては，個人差がすごくありますね（事例24）』

〈一人ひとりの気づきの違いを認識する〉ことが語られている。看護職者がそれを自覚しているからこそ，自分一人だけでなく，複数の目で観察してほしいと思い，次の行動〈複数の目で観る〉という行動に進む。

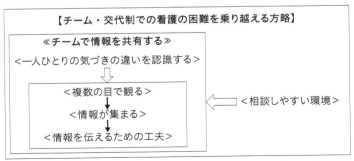

図3-5【チーム・交代制での看護の困難を乗り越える方略】部分結果図

〈複数の目で観る〉とは，看護職者がもった違和感や気づきを，他の看護職者に共有・確認してもらうために，カンファレンスや申し送りというチームの場にもっていき，複数の看護職者で継続的に観察・確認することである。

　『気になることを申し送ると，大体みんな，「あぁそうか，そこが気になるようだったら，私もちょっと気にして観てみよう」なんて言って観てみるから，「やっぱり気になるね」っていうことになってくる（事例12）』
　『ちょっとこの人は要注意かもしれませんって報告を受けたら，次に違う人が会ったり。一人で決めるっていうのはいいことではないと思うので，やっぱり，いろいろな人が関わっていく。なるべく一人じゃなく，決めつけで観てはいけないから（事例20）』

　語りから，一人の気づきから〈複数の目で観る〉というチームで行われるうごきに変化していることがわかる。そして情報が集まってくる。
　〈情報が集まる〉とは，カルテやチームの場（カンファレンス等）に情報が集まり，看護職者間で情報を共有することである。

　『（気になる人は，週1回の患者カンファレンスに）大体かかるので。そのなかで，この人こうでした，こうでした，っていうところから，「あっその一言は気になる」とか言って，どんどん話が集まることが多いですね（事例12）』
　『カンファレンスで挙げると，「私，こういう場面見たよ」「私，昨日こうだったよ」なんていう話が聞かれたりなんかして。そうすると，だんだんその人（妊産婦）が本当にちょっとわかってきたりする（事例13）』

　複数の看護職者の情報が集まる場として，カンファレンスが有効であることが上記の語りからわかる。
　集まった情報は，カンファレンスや申し送りに参加していない他の看護職者や医師等に伝えるため，また，外来の情報を病棟に伝えるため，〈情報を伝えるための工夫〉が行われている。情報が集まるのは一時的なうごきであるが，その情報を継続的に広範囲の看護職者に伝えるためには，電子カルテやノートへの記入，といった工夫が必要である。

　『情報共有の基本は電子カルテです。電子カルテにすべて情報を書いてるので，そこを見てくれればわかる（事例2）』

『気になるケースを挙げるリストっていうのがあって。そういうのに情報を載せて，みんなで共有できるようにしています（事例20）』

このような〈情報を伝えるための工夫〉をしていても，以下の語りのように，情報が途切れることがある。

『（気になるケースが）スルーする場合もあるので。この前もシングルの人で，切迫（早産）で入院をしたときには，シングルで未入籍という情報があったんだけれど，出産のときにはその情報が消えていて（情報提供できなかった……）（事例24）』

以上の一連の流れによって《チームで情報を共有する》ことは，チーム・交代制での看護の困難を乗り越えるために必要なことである。
看護職者がチームで情報を共有するためには，気軽に相談できる人間関係や相談窓口となる人・システム等〈相談しやすい環境〉が必要である。

『とにかく，何かひっかかる人は（地域連携の窓口者に）言って（相談して）くれていいよというのは常に言っていて。そこからが第一歩なので（事例10）』
『気になったケースは，ちょっと声をかけてもらって。もう何でも。助産師の平均年齢が若いので，どちらかというと，自分で対処するというよりは，もう何でもまず相談して。じゃあちょっとこれ聞いてきなよ，なんて言ってまた返して，という感じになったり，（そういう雰囲気づくりを）せざるを得ない感じですね（事例13）』

相談しやすいシステム等の環境が整っていない場合は，以下の語りのように"気になる"と感じた親子を情報提供できない場合がある。

『多分，（スタッフは）気づけてはいたけど，システム化されていなかったので，ばらばらにみんな動いていたんです。この人は危ないよって気づいていて，じゃあどうするどうするという感じになって，結局，保健師さんに伝えそびれちゃってというような状況だった（事例7）』

以上のような情報の共有化という【チーム・交代制での看護の困難を乗り越える方略】は，【リスク状況を明確にする】ことを促進する。

7. 長期的な子育てを見据え判断する

カテゴリー【長期的な子育てを見据え判断する】は，2つのサブカテゴリー，10の概念から構成される（図3-6）。

【長期的な子育てを見据え判断する】とは，これからスタートする生活の中で繰り広げられる長い子育てを見極め，他機関に情報提供が必要な「気になる親子」と《チームで結論を出す》ことである。前述したようにこのカテゴリーはコアカテゴリーである。

結果の概要で説明したように（pp.31-35），このカテゴリーにおいて最も重要なのは，看護職者の長期的な視座をさす〈長く続く子育ての特性を認識する〉と〈母親の仮の姿だと認識する〉である。その視座があることによって，長く続く子育てを見極めることができるのである。具体的なプロセスを，研究参加者の語りを用いて説明する。

看護職者は，妊婦健診や入院中の生活のなかで赤ちゃんに愛情を示したり，医療者に従順である母親の姿は，地域生活のなかでの普段の姿とは異なり，家事や子育てに追われない日常から切り離された環境のなかで見せる〈母親の仮の姿だと認識する〉ことを前提にして，退院後の子育てを見極めていた。

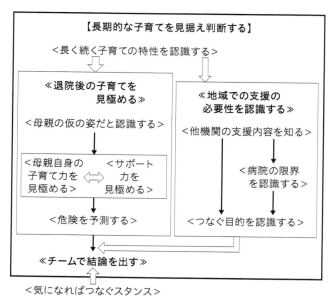

図3-6 【長期的な子育てを見据え判断する】部分結果図

『入院している期間の母親が見せる，母親役割を示している親の姿，お母さんの姿っていうのは，入院中はこうでしたっていうだけの話で，その後にきちんとそれが維持されるかどうかっていうのは，難しいなー，ちょっと違うだろうなー。だから仮の姿かもしれないなって（事例1）』

『入院中の育児行動を一番観ています。退院してからまずは1カ月を乗り切れるかとか，まずは1週間乗り切れるかというところを，育児行動を見守りながら査定していくということでしょうか。授乳がうまくいっているのか，おむつ替えができているか，赤ちゃんの異常を発見できそうなのか，そうでないのかなんていうところを観ながら（事例13）』

事例1の語りは，母親が一時的に見せる「愛情を示す」「頑張って赤ちゃんの世話をする」という姿は，この入院環境が非日常的であるため，それを意識して判断していかないといけないと感じている語りである。

〈母親の仮の姿だと認識する〉ことができないと，その姿に惑わされ，情報提供に至らない，すなわち「気になる親子」の判断を誤る場合があることが，以下の語りからわかる。

『入院中は，「あんな感じの（金髪・刺青）人だけど，赤ちゃんの添い寝もしているし，よく関わっているし，完全母乳で，「やっぱり人はみかけによらないんだな」って思っていたんですよ。だけど（6か月後くらいに虐待が発覚した）（事例15）』

この事例は，退院後の他機関からの情報提供により虐待状況が確認されている。このことからも〈母親の仮の姿だと認識〉したうえで，退院後の子育てを見極めることの重要性は明らかである。

上記の〈母親の仮の姿だと認識する〉ことを前提にして，看護職者はまず，母親自身の子育て力と周囲のサポート力のバランスを見極めることを行う。

〈母親自身の子育て力を見極める〉とは，退院後の生活の中で，母親が子育てできるかどうかを，母親の生活スタイルや心身の状態，育児技術，経済・社会的状況等をふまえて見極めることである。

『（赤ちゃんが可愛く思えない）それが，どういう感情で起きているのかは，アセスメントして，今ブルーが入っているのか，それとも本当に何か（精神疾患）あるのか，例えば帰った後の生活をどう立て直していったらいいのか，未受診妊婦なんか特にそ

うなんです（事例18）』

　『入院中がよければいいわけじゃない。帰ったらこの人はどういうふうにできるかっていうことをきちんとアセスメントして，それで退院させるのは，産後を看る人なら当然だと思う。この人の家庭はどんな家庭でとか，一日をどんなふうに過ごすかとか。何となくこの辺（頭）に描くわけよね。それで大丈夫かなとか。ちょっと（心配）かなって（事例20）』

　この概念には50以上の具体例が抽出され，退院後の子育てを見極めるために看護職者が必ず観察する視点だといえる。

　母親自身の子育て力が低くても家族や周囲のサポート力がある場合は，退院後の子育てが大丈夫と判断されることもある。母親自身の子育て力と周囲のサポート力は対になって，そのバランスによって見極められている。

　〈周囲のサポート力を見極める〉とは，看護職者が，親子に対して気になると感じた場合，家族や周囲のサポートを受けて子どもが育てられるか，子育ての環境を整えられるかを見極めることである。サポートのある・ないだけでなく，サポートする人，サポートの量や質までをも見極めることが語られている。

　『やっぱり，ご家族とかですかね。精神疾患とかがあって，「育児は……」っていうような状況でも，上のお子さんがしっかり育っていて，だんなさんが，その奥さんの病気のことを理解されていて，育てている。そういうサポートがあれば，様子をみてもいいかなと（事例4）』

　『気になるわと思ったら，家族のサポート体制の査定をして，おうちに帰せるかどうかの査定をします。ご本人ができないとなると，ご家族はどうなのかということになります。ご家族が，育児ができるかどうかです。私たちがご家族を信頼できるのかです。育児のサポーターとして。そういう場合には。私（副師長）が直接面談させていただく場合もあります（事例13）』

　母親の子育て力と周囲のサポート力のバランスを見極める際，看護職者が〈危険を予測し〉ようとしていることが以下の語りからわかる。

　『嫌になっちゃって病院（妊婦健診）に来ないとすると，自宅で産んで，死体遺棄，を犯すことになるから，それだけは避けなければいけない（事例9）』

　『疲れたから今日はミルクをやるのをやめる，おむつを替えるのをやめてしまうとかっていうことも考えられたので。そうなってくると，ネグレクトの可能性があるから（事例23）』

　以上のように，退院後の子育てができるかどうかは，母親自身の力，周囲のサポート，そのバランスを総合的に加味し，さらに危険を予測し見極められ，それにより，他機関への情報提供が必要な「気になる親子」と《チームで結論を出す》ことになる。

　『明らかに，虐待があったり，DVがあったりとかもそうだし，家庭環境がよくないとか，ちょっと（精神疾患の）既往があったりとか。そういう経歴がある方だと，「カンファレンスかけようか」とか，後は「師長（連携窓口者）に相談だよね」ということで，相談します（事例6）』
　『スタッフと相談して，じゃあこの人は退院のときに心配だからやっぱり保健師が入った方がいいとか，確認していきますね（事例9）』

　以上のように，《退院後の子育てを見極める》ことにより「気になる親子」と《チームで結論を出す》というプロセスには，その判断を促進する《地域での支援の必要性を認識する》という要因があることが見出された。その要因である《地域での支援の必要性を認識する》についての具体的なプロセスを，研究参加者の語りを用いて説明する。
　まず，〈他機関の支援内容を知る〉の語りを紹介する。

　『保健センターの保健師さんは，家庭訪問できるっていう強みがあるので，家に入っていけるんです。なので，お母さんと赤ちゃんの様子を見るとか，体重を測るとかは強いと思います。子ども家庭支援センターは，保健師と連携しながらやっていきますが，制度にくわしいんです。所得に応じた利用負担額とか，どんな制度が地区にあるかとか，この住所の人だったら，保育園はここがいいとか，いろいろ知っているんです（事例2）』
　『保健センターは，連絡をもらったら（訪問に）行ってくれるので。福祉にもつなげてくれるし，そういうことができる場所なので，そこへつなげるしかないと思います（事例24）』

　この語りように，看護職者はこれまでの連携の経験により他機関が親子に対してどのような支援を行うのか知っている。事例24の語りでは，他機関がこんな支援を行ってくれるから，「気になる親子を」そこへ連携すると語られており，親子に必要な支援とそれを提供できる機関をつなげる意識が示されている。このようなことが可能となるのは，他機関の支援内容を知っているからこそである。このことから，〈他機関の支援内容を知る〉ことは〈つなぐ目的を認識する〉ことに

向かっていることがわかる。

〈つなぐ目的を認識する〉とは，何のために他機関に情報提供するのか，すなわち他機関から必要な支援を受けて母親が子育てできるようになるためであることを，看護職者が認識することであり，以下のように語られている。

『とりあえず保健師さんが入ってくれるから，軌道に乗るまでは見守ってもらえるとか指導してもらえるなっていうのがあるので（情報提供します）。将来的に子どもを育てていくうえで，不安がないように，経済的な問題で困窮して育児ができないとならないようにという視点で（連携しています）（事例１）』
『（サポートが得られない母親に）そういうときに，ちょっと相談できる場所をつくっておく。困ったときに，困ったと言える場所につなげておくことしかできないと思っています（事例24）』

この語りのように，〈つなぐ目的を認識できる〉ということは，保健センター等の親子に対する支援の内容をある程度理解しているということが前提となることがわかる。

逆に，他機関の支援内容を理解していない場合は以下の語りのように，母親に地域で受けられるサポートを提示することができず，支援につながらないことになる。

『保健センターがどういうことを支援してくれるかというのを私自身はイメージがつかなかったので，こういうところもありますよっていうふうに紹介するには，やっぱり具体的にどういうサポートが得られるかっていうところまで確認しないと，ちょっと紹介するのもどうなのかなと思いました（事例20）』

母親に地域のサポートを提供するためには，情報提供の同意を得る必要があるが，上記の語りのようにサポートの具体的な内容を説明して母親に同意を得ることができないため，同意取得がスムーズにできなくなることも予想される。地域の支援内容を知ることは，同意のプロセスにも影響を与えるといえる。

連携の目的を認識することには，〈病院の限界を認識する〉ことを経由する場合がある。看護職者が病院での援助期間だけで，退院後の子育てを支援するのには限界があると認識していることである。病院は出向くのではなく，相手に来てもらって援助を提供する場であることからくる限界も語られている。

『生活が（病院のなかにいる）私にはもう見えない，おうちでの生活が。本当に生活
に入ってもらえる保健師さんに何とかしてもらわなければもう（病院の中にいる）自
分の力では何ともならないんだなと思ったんです（事例8）』
『私たちもなかなか，白衣を脱いで外に行くっていうところまでは難しい。だから，
これはもう（保健センターに）バトンタッチが必要だとなります（事例15）』

　子育ては長く続くものという認識があるからこそ，病院の援助期間という時間
的な限界を感じることができるのだと推察できる。
　病院によっては，「気になる」と感じた親子はそのままにせず，退院後も他機関
にフォローしてもらうために情報提供するという〈気になればつなぐスタンス〉
があり，チームで結論を出す際に，情報提供する方向に影響を与えている。

『もやもやして送り出すよりは，とりあえず保健師さんが入ってくれるから（情報
提供します）（事例1）』
『どちらかというと（情報提供）する方向にありますね。念のためなんて言って（事
例13）』

　逆に大きな問題がなければつながないというスタンスも存在し，それは情報提
供しない方向へ影響している。

『経産婦さんでも本当に大丈夫かな，赤ちゃんに声掛けもしないとか，おっぱいも
全然やらずに黙ってミルクあげてボーっとしてたりとかっていうお母さんもいまし
たが，大丈夫かなって思って，そういうの（情報提供）はなかったので（事例16）』
『もともとメンタルを持ってる方ですね。お薬を，うつ病のお薬を飲んでいて。退院
前にそれ程大きな問題がなかったので，「まぁ大丈夫だろう」っていう判断で，私の方
からは地域に連絡する必要はないって思って，しなかったですよ。気になるけど，連
絡しなかったっていう事例ですね（事例17）』

　《退院後の子育てを見据える》，《地域での支援の必要性を認識する》には，地域
生活の中で長期的に続くという〈長く続く子育ての特性を認識する〉ことが基盤
になっている。

『（地域に帰る対象の方という視点が）強くなったのかなと思います。やっぱり赤ち
ゃんが困らない，お母さんも含めて，困らないようにするにはどうしたらいいのかな
という。そのときだけではなくって，この先ずっと。地域が主体で，生活の場は地域

だからというところでは考えなければいけないんだなと（事例8）』
　『もともと子育てって，終わりがないし，正しいとか正しくないもないし，って思っているんです。だから，子育ては，もう本当にスタンスが長いから，今のここだけを見ていてもだめなんだって思います（事例10)』

　語りにあるように，長く続くという子育ての特性を念頭におくと，病院の関わりは一時的だと認識できる。そしてつなぐ目的が認識でき，これらが退院後の子育てを見極めるうえでの基盤となっていることがわかる。
　子育ての特性が認識できることは，長期的な視座に立ち，「気なる親子」と《チームで結論を出す》ことを促している。

　8．同意のハードルを越える
　カテゴリー【同意のハードルを越える】は1つのサブカテゴリー，5つの概念から構成されている（図3-7）。
　【同意のハードルを越える】とは，同意というハードルを越え，情報提供ケースとして確定することである。
　「気になる親子」として情報提供するという結論を看護職チームとして判断しても，それがすなわち情報提供ケースとはならない。個人情報保護，守秘義務の観点から母親や家族から情報提供に対する同意を得ることが必要だからである。まさに同意というハードルを越える必要がある。
　2016年の児童福祉法の改正により，支援を要すると思われる妊産婦等を把握した医療機関などは市町村に情報提供することが努力義務となり，情報提供の壁となっていた守秘義務違反にはならないとされた。しかし調査時点の2012年においては，情報提供には必ず母親・家族の同意を得る必要があるとの認識があたり前であった。
　看護職者は他機関に情報提供する際は，必ず母親・家族の同意を得ることが必要であると〈同意を得るのが大前提という認識〉を持ち，母親・家族に臨む。

　『情報提供に関する同意が得られているとかっていうところも，ちゃんとしないと，問題に，個人情報の問題があるから，そこもちゃんと情報提供していいですかと確認して（事例8）』
　『入院中に，多分うち（の病院）は（情報提供に際しての）同意を取って送るのが

前提なので（事例16）』

　この認識があるからこそ，なんとか同意を得
ようと次のプロセス《戦略的に同意を得る》に
進むのだろう。しかし，この認識にとらわれ過
ぎると，以下の語りのように，支援の道が閉ざ
されることになる。

　　『もう絶対嫌です，受けませんって。保健師さ
　んとか来ないでくださいと言って，シャットアウ
　トされちゃうことが，ごくたまにあるので，フォ
　ローしなきゃいけない人に限って，シャットアウ
　トされちゃうことがある（事例1）』
　　『保健センターが入って関わってくると，面倒
　になるから嫌だっていうような状態だったので，
　（情報）提供できないっていうような状態になっ
　て（事例23）』

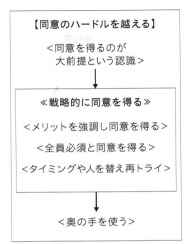

図 3-7　【同意のハードルを越える】
　　　　部分結果図

　上記のように，看護職者は母親・家族の〈同意を得るのが大前提との認識〉を
もっているため，同意を得ようと《戦略的に同意を得る》のである。戦略には，
以下の3つがある。
　1つ目の戦略〈メリットを強調し同意を得る〉とは，看護職者が母親・家族に
対し他機関の支援のメリットの部分を強調し意図的に同意を得ることである。

　　『育児をする上で手助けになると思うから，保健師さんに早めに家庭訪問に来ても
　らいませんか？って言って，そうすると，「いいですよ」って言い方次第では OK を
　いただけます（事例12）』
　　『保健センターがこの先はいろいろと助けてくれるので，相談に乗ってくれるので，
　そういうところに連絡をとって，すぐにあなたのことが助けてあげられるように，お
　手伝いできるように体制を整えますけど，どうですかっていうような話し方をして，
　承諾を得てから連絡をさせてもらうようにしています（事例23）』

　20以上の具体例が存在し，看護職者が同意を得る際，この戦略をよく用いてい
ることがわかる。メリットを強調し意図的に説明することが，同意を得るコツで
あるとわかる。また，説明の仕方が悪い場合は，同意を断られる場合があること

が語られている。

『助産師の説明の仕方によって，かなり拒否されちゃう。まあ，他の助産師が入ることなのであれなのですけど，やっぱり言い方だと思うんですね（事例19）』

2つ目の戦略〈全員必須と同意を得る〉とは，同意を拒否しそうな母親・家族に対し，「あなたが特別なのではなく，全員やっているから」と，相手の警戒心を軽減させ同意を得ることである。

『その相手の状況にもよるんですけれど，「皆さん送らせていただいていますのでね」，なんていう感じで軽くお話をして，もうそれで同意を得たという方向にさせていただきます（事例13）』
『「どんな人でも受けるんだけど」っていうことを言っといてあげないと，「私はなんか，どっか悪いのかしら，なに私，特別？」っていう風になっちゃうと（警戒するから）（事例15）』

3つ目の戦略〈タイミングや人を替え再トライ〉とは，一度断られても母親が不安を自覚するタイミングを図ったり，説明する看護職者を代えて再度試みことである。

『最初は「いやです」って言ったとしても，何日間かやって（育児して）いるうちに，やっぱり支援が必要だなっていう気持ちにはなってくれているので，1回だめでもそこで引き下がらないで，入院中の褥婦さんの情報を得て，行動を見て，勧めていくというのは大事なのかなと思っています（事例19）』
『（同意を得るコツは）話し方をもうちょっと変えるか，その人がだめなら違う人が行って，ちょっと話してみる。あとは「ちょっと私では無理そうなのでお願いします」ということもありだと思います（事例19）』

以上のように《戦略的に同意が得られる》ように看護職者が試みても，同意を拒否されることがあることは上記に紹介した。しかしその一方で，看護職者が同意を得なくても情報提供するという選択をし，退院後の支援の道が閉ざされないようにする〈奥の手を使う〉場合もあることが語られている。

『そういった（同意を拒否する）ケースは，この（情報提供）用紙に，同意がない

っていうふうに書ける，そういう選択肢もついているので，そこに○をつけて出して
います（事例11）』

『お母さんがうつ病か何かで，赤ちゃんも観てもらいたいので，早めに訪問しても
らってもいいですか，とお母さんに聞いたんですけど，拒否をされて。旦那さんも精
神疾患があったので，ちょっと放っておけないなと思って。で，本人には了承を得て
いませんという一文を添えて（情報提供用紙を）出した人がいます（事例25）』

以上のようにさまざまな方略で【同意のハードルを越える】ことで，最終的に
情報提供ケースと確定する。

第8節　日々の看護実践に活かすために（まとめ）

1．子ども虐待の視点をもつ

気になるサインに気づくためには，ルーチンワークを意図的にリスク探索行動
に変える必要がある。それを可能にしていたのは，〈定型因子を念頭におく〉とい
う看護職者の準備であった。〈定型因子を念頭におく〉とは，子ども虐待に関する
リスク因子をはじめとした知識を頭に入れておくことである。この準備があるこ
とにより，得た情報と頭のなかのリスク因子とを照らし合わせることが可能とな
る。日々の実践の意識的な積み重ねや研修，勉強会等，子ども虐待に関する知識
を得る機会を作ることが必要である。

2．リスクを探るために有効な外来という場を活かす

リスクを探る場として，外来が有効であることが本研究により明らかになった。
「親子の背負っている日常生活をくっつけて外来に来るからキャッチしやすい」と
語られるように，親子の日常生活を把握しやすい外来の有効性が示された。看護
職者は，来院時の服装や匂い，医療者に対する態度，上の子への接し方，夫の母
親への態度などから五感を活用し「気になる」サインを感じとっていた。外来で
親子の日常生活を推察し，リスクを探る場として有効に活用していく必要がある。

3．入院中の母親が見せる姿は"仮の姿"だと認識する

本研究において，退院後の子育てを見極めるためには，入院中の「現在（いま）
この状態」の母親の姿は，家事や上の子の世話がない非日常的な環境で見せる「仮
の姿」だと認識する重要性が明らかになった。「仮の姿」に惑わされた場合は情報

提供に至らないこともわかった。情報提供に至らなかったケースの中にはその後虐待状況の出現もあり，この認識の重要性がわかる。"気になる"と感じた母親を観察する際，仮の姿と認識したうえで観察することが必要である。

4．長く続く子育ての特性を認識する

子育てが地域の生活の中で長期的に継続するという認識であるが，この特性を認識することができると，病院の限界が認識でき，連携の目的の認識が高まり，「気になる親子」とチームで判断することを促進する。また，退院後の子育てを見極める際，非常に重要な認識となる。"気になる"と感じた親子の退院後の子育てを見極める際，その子育ては長期的に継続されることを認識したうえで見極めることが必要である。

5．長期的な視座を培うために必要不可欠な他機関からの情報を得る

以上3，4で述べた〈子育ての特性を認識する〉，〈母親の仮の姿だと認識する〉は，看護職者が地域の支援が必要な「気になる親子」とチームで判断するための長期的な視座を指す。看護職者の長期的な視座が培われるためには，退院後の地域における親子の生活の様子を知ることが必要であり，そのためには他機関から情報提供されることが必要不可欠である。他機関との連携の経験を通じて相互に情報交換のできる関係性を構築する，行政に働きかけ定期的な情報交換の場を作る，産科医療機関の看護職者が新生児・乳児訪問を実施できるシステムづくり等，産科医療機関の看護職者が退院後の親子の情報を得ることのできる環境づくりが重要である。

6．他機関の支援内容を知る

山中（2003）は連携の前駆条件として，「援助者自身の限界の認識」，「他の援助者に関する情報の接触」の2点を挙げ，それが「援助者間の目標の共有」に進むことを示した。〈他機関の支援内容を知る〉，〈病院の限界を認識する〉は山中のいう連携の前駆条件となり，〈つなぐ目的を認識する〉ことにつながっており，同様のことを示している。〈他機関の支援内容を知る〉ことは，連携を促進するために必要であるため，産科医療機関と連携をとる機関の具体的な支援内容を知る必要がある。

7．戦略的に同意を得る

　2016 年の児童福祉法の改正により，「気になる親子」の情報提供は守秘義務違反にはならないとされた。しかし基本的には同意を得ることが求められており，また，退院後の親子に他機関の支援者が介入する際，「病院から支援が必要だと連絡があって，ここに来ています」という理由を示し，納得をしてもらって介入するためには同意が必要である。

　研究で明らかになった同意を得るための戦略〈メリットを強調し同意を得る〉，〈全員必須と同意を得る〉，〈タイミングや人を替え再トライ〉を活用し，戦略的に同意を得ていく必要がある。

引用文献

Benner, P. (1984)．*From Novice to Expert: Excellence and Power in Clinical Nursing Practice*．
　（井部俊子訳 (2005)．ベナー看護論：初心者から達人へ．医学書院．)
唐田順子 (2008)．病産院における子育てを見据えた産褥期の支援の実態と助産師の役割認識．
　母性衛生．49 (2), 357-365.
唐田順子, 市江和子, 濱松加寸子 (2014)．産科医療施設（総合病院）の看護職者が「気になる
　親子」を他機関への情報提供ケースとして確定するプロセス―乳幼児虐待の発生予防を目指
　して．日本看護研究学会雑誌，37 (2), 49-61.
厚生労働省 (2011)．妊娠・出産・育児期に養育を特に支援する家庭に係る保健・医療・福祉の
　連携体制の整備について．雇児母発 0727 第 4 号／雇児総発 0727 第 3 号（平成 23 年 7 月
　27 日）．https://www.mhlw.go.jp/bunya/kodomo/pdf/dv110805-3.pdf（参照 2022 年
　10 月 24 日）
山中京子 (2003)．医療・保健・福祉領域における「連携」概念の検討と再構成．社会問題研
　究．53 (1), 1-22.

第4章

研究2　産科医療施設（総合病院）の看護職者が「気になる親子」の情報を提供してから他機関との連携が発展するプロセス

　この章では，総合病院（産婦人科病棟・外来）の看護職者の「気になる親子」への気づきから情報提供ケースとして確定し，他機関との連携が発展するプロセスの後半部分の研究について述べていく。第3章と同一の研究参加者であるため，共通部分については省略している。

第1節　研究の目的

　産科医療施設（総合病院）の看護職者が「気になる親子」の情報を提供してから，他機関との連携がどのように発展していくのか，そのプロセスを明らかにする。

第2節　主なインタビュー内容

①「気になる親子」に関しての情報提供はどのような手順を経て行われたのですか
②連絡をとるための行動は経験によりどのように変化がありましたか
③保健機関等との連携はどのように行われているのですか
④保健機関等との連携はどのような意味があると考えますか
⑤他機関との連携をとおして，何を感じられましたか（自由に）
できるだけ調査参加者の語りを遮らず自由に語ってもらえるように配慮した。

第3節　分析テーマ

　産科医療施設（総合病院）に勤務する看護職者が「気になる親子」の情報を提供してから，他機関との連携が発展するプロセス

第4節　分析焦点者

　産科医療施設（総合病院）に勤務し，「気になる親子」を支援する看護職者

第5節　分析方法

　分析方法は第3章 pp.30-31 に示す方法と同様であるが，研究2おいては同一のデータ，同一の分析焦点者で，分析テーマのみを変更して分析を行っている。その際，留意した点を説明する。

　1つ目は，同じデータであっても分析テーマが異なるため，研究2の分析テーマ『産科医療施設（総合病院）に勤務する看護職者が，「気になる親子」の情報を提供してから，他機関との連携が発展するプロセス』を徹底的に意識して分析を行った。

　2つ目は，分析焦点者の視点で分析テーマに沿って分析を行った結果，研究1と同じネーミングの概念を生成したことである。〈他機関の支援内容を知る〉と〈つなぐ目的を認識する〉は，概念名は同じでも具体例は異なるものが多く，この分析テーマならではの具体例が多く存在し，この分析テーマにおけるプロセスの位置づけが明確であった。また，〈病院の限界を認識する〉は，具体例は類似しているがこの分析テーマにおけるプロセスの位置づけが明確であった。上記の理由から同じ概念名を用いた。

　3つ目は，分析テーマを念頭に，プロセスの全体を構成する概念やサブカテゴリー，カテゴリー相互の関係性を結果図に示し，ストーリーラインを作成する際の判断である。概念は grounded-on-data の原則に則り生成されるため，具体例を包括できる定義を設定し，その定義をコンパクトに表す概念名が命名される。概念名はデータが浮かび上がるようなネーミングになっていることが多いが，サブカテゴリー・カテゴリー名は包括される概念等を意識しながらも"研究する人

間 "の解釈により命名される。本研究においては研究1の結果を頭におき, サブカテゴリー・カテゴリー名を命名した。《認識強化が起きる》である。このサブカテゴリー内には研究1と同名またはほぼ同じ意味の概念が複数存在する。〈つなぐ目的を認識する〉〈長期的な視点を認識する〉〈病院の限界を認識する〉である。研究1で認識されたものが, 連携が進むことにより認識を促進させる影響を受け, これらの "認識が強化される" と解釈し, サブカテゴリー名を《認識強化が起きる》と命名した。

以上に説明したように, 概念生成の段階では, この研究の分析テーマを徹底的に意識し grounded-on-data の原則に則り行った。概念生成後は "研究する人間" として研究1の結果も念頭におき, サブカテゴリー・カテゴリー名を命名し, 結果図（理論）を完成させた。

第6節 結　果

1. 結果の概要とストーリーライン

分析の結果, 28 の概念, 7つのサブカテゴリー, 7つのカテゴリーが生成された。図 4-1 に結果図を示す。研究1と同名の概念は, フォントを明朝斜体とし下線をつけた。結果の概要は以下である。

産科医療施設（総合病院）に勤務する看護職者（以下, 看護職者）が, 「気になる親子」の情報を提供してから, 他機関との連携が発展するプロセスの中心的な存在であるコアカテゴリーは, 【親子のなりゆきを知る】ことによって【支援に還元される経験的な学びを得る】という2つの連動したカテゴリーである。

【親子のなりゆきを知る】とは, 退院後の親子の問題状況や安定した状況を他機関からフィードバックされた情報により知ることであり, 親子のなりゆきを知ることができるか否かで, 連携が発展するのか一方通行の悪循環に至るのか, 結果が大きく異なりプロセスの分岐点となる。そういった意味で, 全体のプロセスを左右する重要なカテゴリーでありコアカテゴリーと判断できる。それと同レベルで重要なカテゴリーが【支援に還元される経験的な学びを得る】である。これは【親子のなりゆきを知る】ことによって起き, 切り離すことができない。そのため塊として, 2つをコアカテゴリーとすることとする。【支援に還元される経験的な学びを得る】とは, 看護職者が退院後の親子の生活理解を深め支援を自己評価することで自己の支援が進化したり, 連携に必要な認識強化が起き, それが連

携の発展につながり，また一方で「気になる親子」の発見・判断の過程における
支援に還元される経験的な学びを得ることである。

　他機関とのやり取りは看護職者の認識強化や他機関理解を深め，徐々に【連携
が進化】してゆく。〈母親と保健師の橋渡し〉など，病院の看護職者が母親との信
頼関係をもとに保健師へ母親を紹介するといった，お互いの強みを活かし役割を
補い合うようなことが果たせるようになる。その相互作用が循環し影響し合い，
定期的な連携の形である【新たな段階の連携が生まれる】ことになる。

　この基盤となるのが，コアカテゴリーである【支援に還元される経験的な学び
を得る】である。

　【支援に還元される経験的な学びを得る】ことは，「気になる親子」の発見・判
断のプロセスに還元され，長期的な視座を培うことになる。他機関との連携が看
護職者の変化を生み長期的な視座を培うことが明らかとなった。

　このコアカテゴリーを軸に，図4-1に示す理論（結果図）が生成された。全体
のストーリーは以下である。

　産科医療施設（総合病院）の看護職者が，「気になる親子」の情報を提供してか
ら他機関との連携が発展するプロセスは，親子の【リスクのレベルを判断したう
えでつなぐ】ことで，他機関から〈情報がフィードバックされ〉【親子のなりゆ
きを知る】ことから始まる。退院後の親子の問題状況や安定状況といった【親子
のなりゆきを知る】ことは，親子の退院後の生活の理解を深め，一方，病院での
支援が適切であったか自己評価を促す。このことにより，看護職者は「気になる
親子」の発見のためのアンテナが高くなり，長期的な視座が育成されるといった
【支援に還元される経験的な学びを得る】ことになる。また，他機関からフィード
バックされた情報により他機関の支援内容を具体的に知ることにより，他機関を
【頼れる支援機関として認識する】という看護職者の変化を生む。このように，他
機関との相互作用により生まれた看護職者の変化により【連携へのモチベーショ
ンが高まり】，【連携が進化する】。他機関との〈顔の見える関係ができ〉相談が容
易になり《連携の相乗効果》が働き，定期的な連携を構築する【新たな段階の連
携が生まれる】。

　以下は，カテゴリーごとに考察を含めた分析結果を説明する。具体例（バリエー
ション）である語りは，ポイントを下げた『ゴシック文字』で示し，（　）は文脈
を明確にするために研究者が補った。

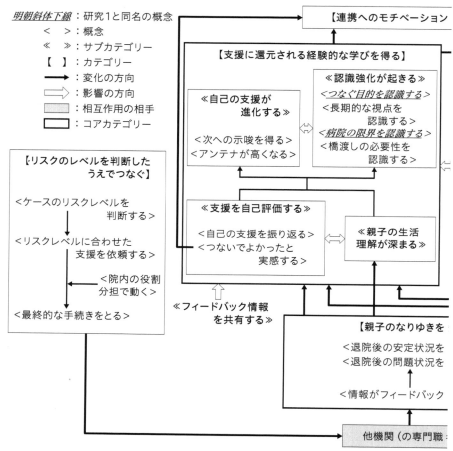

図 4-1　産科医療施設（総合病院）に勤務する看護職者が「気になる親子」の情報を提供して
から連携が発展するプロセス結果図（見開き）

2．リスクのレベルを判断したうえでつなぐ

カテゴリー【リスクのレベルを判断したうえでつなぐ】は 4 つの概念で構成される（図 4-2）

【リスクのレベルを判断したうえでつなぐ】とは，看護職者が情報提供ケースのリスクを判断したうえで，それに合わせた支援を依頼する手続きをとることである。確定した情報提供ケースの状況から 4 段階で順に進んでいく。

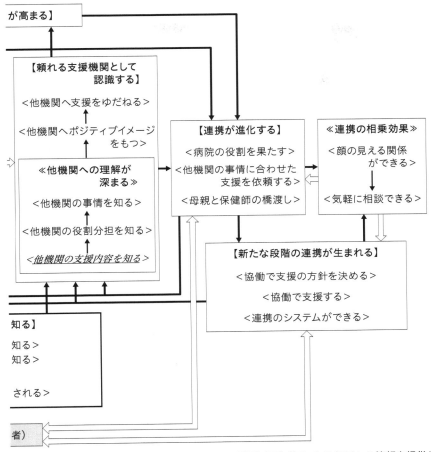

図 4-1　産科医療施設（総合病院）に勤務する看護職者が「気になる親子」の情報を提供して
から連携が発展するプロセス結果図（見開き）

　1・2段階目〈ケースのリスクレベルを判断する〉〈リスクレベルに合わせた支援を依頼する〉の2つのうごきは，ほぼセットで語られており，2つのうごきは切り離せない状況である。看護職者が緊急に他機関に介入してもらった方がいいか，あるいは新生児訪問のハガキで対応すればいい程度か等のレベルを判断し，その判断に沿って支援を依頼することである。

　『これ（夫の DV があって，上の子への虐待の危険があるケース）は保健所だけじ

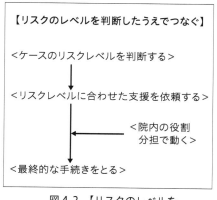

図4-2 【リスクのレベルを
判断したうえでつなぐ】部分結果図

やなくて警察も入ったほうがいいかもしれ
ないって，連絡をしました（事例21）』
　『地区担当の保健師が定期的に家庭訪問し
ただけでは養育が難しいケース。家族がいた
としても養育の支援者にはなり得ないかも
しれない，子どもは絶対に児童相談所が関与
しなければいけないケースのときには，合同
カンファレンスを開いています（事例9）』
　『最悪は，地域と（病院が）両方，妊娠中
から（一緒に支援していく）。大体そういう
ケースは，子の養育が難しかったり，児童
相談所に介入が必要ではないかという……。
だから地区担当の保健師だけじゃなく，社会
福祉課，こども家庭児童課，児童相談所の
介入が，もう行政全部に介入してもらいます
（事例9）』

　この語りから，看護職者にはリスクのレベルを判断できる知識があり，退院後
の長期的な子育てのリスクを予測できる能力があることがわかる。
　3段階目〈院内の役割分担で動く〉とは，産科医療施設と他機関が連携をする
際，医療施設内の役割分担がある程度決定しており，その分担に従って行動する
ことである。

　『家で育児ができないっていう場合には，乳児院の方とやりとりをして，それはソー
シャルワーカーさんが関わってくださって，乳児院との連携をした（事例12）』
　『そのケースに関わったスタッフがサマリーを書いて，副師長が確認して，ソーシャ
ルワーカーに送ります。そして，ソーシャルワーカーから保健センターにファックス
してくれますね（事例13）』
　『病棟で気づいたことに関しては，ソーシャルワーカーさんはあまりタッチしない
ので，5日入院で終わってしまいますし，病棟で関わった者が（情報提供用紙を）書
く。誰が書くかは決まっていないんですけど，関わった人が（事例25）』

　病院により役割分担が異なることがわかる。医療ソーシャルワーカーの関与度
も病院によって異なっている。
　4段階目〈最終的な手続きをとる〉とは，看護職者や院内の他職種者が，情報
提供をするための最終的な手続きをとることである。

『地域連携部からサマリーをおろす（他機関に送る）っていう形になる。産科から
（サマリーを）おろすのではなく，連携部を通して，病院として地域介入をお願いし
ますっていう感じなので（事例1）』

　行政への情報提供を行う際に使用する"母子支援連絡票"（自治体により名称
は若干異なる）を記載したり，看護サマリーとして「気になる親子」の様子や病
院での支援を要約したものを記載するといった手続きが行われる。書面でのやり
取りが多い状況である。この段階も，医療ソーシャルワーカーの関与度は病院に
よって異なっている。
　以上のように，「気になる親子」を情報提供ケースと確定した後は，院内のさま
ざまな役割分担により，リスクを判断したうえでリスクに合わせた支援を依頼す
るための最終手続きをとるのである。

3．親子のなりゆきを知る
　カテゴリー【親子のなりゆきを知る】は，3つの概念で構成される（図4-3）。
【親子のなりゆきを知る】とは，看護職者が情報提供したケースの退院後の生活
状況が安定しているか，問題状況が発生しているかを知ることである。前述した
ようにこのカテゴリーは【支援に還元される経験的な学びを得る】とともに，全
体のプロセスのコアカテゴリーである。他機関から〈情報がフィードバックされ
る〉ことにより，退院後の親子の安定・問題といった2つの状況を知ることにな
る。
　〈情報がフィードバックされる〉とは，他機関の専門職者から，情報提供した
「気になる親子」の退院後の状況
や支援内容の情報が，看護職者
に提供されることである。

　『(情報提供用紙を) 書いた人
に関しては，みんな情報提供用
紙が戻ってきます。1回訪問し
た結果がどうだったか（事例
8）』
　『サマリーが返ってきて，この

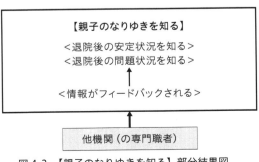

図4-3　【親子のなりゆきを知る】部分結果図

状態で問題がなかったですよという事例もあれば，要フォローをしていきますとか，また，続けてちょっと訪問に行きますとかという連絡はもらうので（事例24)』

　他機関から提供された情報により，看護職者は次の段階である親子の退院後の状況を知ることになる。
　〈退院後の問題状況を知る〉とは，看護職者が，退院後の親子の子育ての状況が不安定で問題が生じていることを，他機関の情報提供により具体的に知ることである。

　『もう子育てできてないので，児相に一時保護したっていうのは，ないわけではないです。虐待ではないと思うんですけど。まあ，精一杯精一杯でこの人もう無理じゃないって，で虐待になる前にっていうので保護しましたっていうのを，報告があったことはあります（事例1)』
　『育児の状況としては，不衛生だったりとかが発覚したりとか。結局 DV があったから，児童相談所が関わって，結局保護されたというような経過を知ることが出来てしまったり（事例11)』

　問題状況として，親の養育能力の低さや DV，ネグレクト，児の死亡等が語られている。
　上記の問題状況とは逆に〈退院後の安定状況を知る〉こともある。〈退院後の安定状況を知る〉とは，看護職者が退院後の親子の子育ての状況が安定していることを，他機関からの情報提供により具体的に知ることである。

　『心配なことはたくさんあるみたいで，訪問すると訴えてはくるけれど，１つひとつをちゃんとアドバイスしたらできていますよって報告を受けると，安心します（事例22)』
　『（お母さんが）シェルターに入ってくれたんですよ。で，その後，警察に行って，実家にうろうろしたりとかしているので，警察もその辺は入ってくれて，もう，裁判で，近寄るんじゃないという（接近禁止命令）のをやってくれたというので，もう安心しているんですけど（事例22)』

　4．支援に還元される経験的な学びを得る
　カテゴリー【支援に還元される経験的な学びを得る】は，５つのサブカテゴリー，８つの概念で構成される（図4-4)。

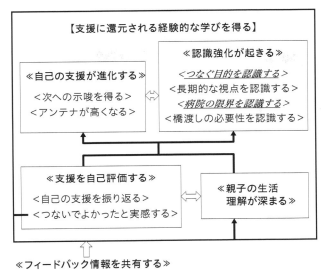

図 4-4　【支援に還元される経験的な学びを得る】部分結果図

　　【支援に還元される経験的な学びを得る】とは，看護職者が退院後の親子の生活理解を深め，支援の自己評価をすることで，支援に活かせる経験的な学びを得ることである。このカテゴリーは前述したように【親子のなりゆきを知る】と連動したプロセスのコアカテゴリーである。退院後の親子のなりゆきを知ることで《親子の生活理解が深まり》，情報から自身の《支援を自己評価する》ことにより《自己の支援が進化し》，連携に必要な《認識強化が起きる》という，うごきのあるカテゴリーである。

　　《親子の生活理解が深まる》とは，単独概念のサブカテゴリー化である。看護職者が親子の地域での生活に関する理解を深めることである。

　　『人って，その場その場で見せる顔って違うと思うんです。地域で見せている顔を（保健センターなどが）伝えてくれると，病院では，「え？」って驚いちゃうこともあるけど，「そういう（病院で見せない）面もあるんだ」って（理解できる）。きっと病院よりは，そこ（地域）がもともと本人の持っている素じゃないかなって思うから（事例10）』
　　『病院では見えなかった家庭環境っていうのが見えて，わあ，こんなところで生活してるんだ，このお母さんと思ったりと（事例11）』
　　『生活するのに困らない程度のお金があって，家族の支援もあるというのじゃない

ところで暮らしてる人たちは，全然こっちが要求するレベルに到達できなくても仕方がないし，こっちがおりなきゃしようがない。いろんな人から助けてもらうことで生命を維持できるんだよねっていうところの，そういう見方に変わったと思いました（事例11)』

　病院では見えなかった親子の生活の状況を知り，看護職者の親子の生活状況に関する理解が深まっている様子が語られている。そのことにより事例11の語りのように，看護職者の親子に対する捉え方に変化が起き，親子の生活状況に合わせた支援の目標が修正されている。
　《支援を自己評価する》とは，退院後の親子の生活状況をもとに自己の支援を評価することであり，2つの行動が語られている。
　1つ目の行動〈自己の支援を振り返る〉とは，看護職者が退院後の親子の情報を知ることで，親子の気になるサインに気づけていたか，病院での自己の支援が有効だったか，改善点はないか等を振り返ることである。

　『そうする（退院後の親子の状況を知ることができる）と，ずっと先をみると，今の病院での関わりとかというのは有効だったのか，もうちょっとこういう視点があった方がいいのかという振り返りになりますね（事例8)』
　『そこ（退院後3か月での乳児の死亡事例を知って）からは，その時（入院中）に，もっと自分がいろんなものを察知していたら，そのお母さんも，その子も，またその周りの子どもたちも，苦しませないで，罪を作らなくていいみたいな。じゃあ自分がどういう風に関わればよかったのかなって，凄く思った事例ですね（事例18)』

　この語りから，退院後の親子の状況を知ることは直接的に支援を振り返る機会となっていることがわかる。
　2つ目の行動〈つないでよかったと実感する〉とは，看護職者が情報提供したことで，他機関の専門職者の継続支援へつながったり，支援により親子の状況が安定していることを知り情報提供してよかったと実感することである。

　『返事にはこのケースについては，多機関で連携して虐待予防していきますっていうふうに，いろんな機関がチームを組みます，みたいな感じで。やっぱり相当重いケースなんだな，つなげてよかったなとは思いました（事例11)』
　『気にかけてたお母さんが上手く育児ができてるとか，虐待になっていない，可愛

がって，しっかり楽しんで育児をしているよって返ってくると，「あぁ知らせてよか
ったって安心してね，保健師さんに見守られているんだなぁ」ってわかると，やる気
が出ますよね（事例17）』

　事例17のように連携してよかったと感じることが，連携へのモチベーション
へ直接つながっていることがわかる。
　上記に示した《親子の生活理解が深まる》，《支援を自己評価する》ことにより，
《自己の支援が進化する》，《認識強化が起きる》という看護職者の変化につながっ
ている。この2つのサブカテゴリーは相互に促進し合っている。
　《自己の支援が進化する》は2つの変化が存在する。
　1つ目の変化〈次への示唆を得る〉とは，看護職者が親子の生活理解を深める
ことや支援の評価を行うことで，次の支援への気づきを得ることである。

　　『次にこの経験を生かしていくための指標というか，示唆にはなるかなと思います
　（事例11）』
　　『（情報のフィードバックは）私たちの反省材料になるし，またこれが活かされて次
　のステップになるし，こういう場合はああしようってケアにつながっていく（事例
　16）』

　2つ目の変化〈アンテナが高くなる〉とは，看護職者が，退院後の親子の状況
を知ることにより，「気になる親子」に対する気づきの感度が高くなることであ
る。以下のように語られている。

　　『今，気になっている事例を情報提供させてもらっているじゃないですか。それを，
　1回で訪問が終わりでよかった事例，もっと続いていく事例っていうのを知ること
　で，自分のアンテナを，こういう事例は送ってよかったっていう感覚とか知識とかを
　培ってる（事例4）』
　　『（情報提供したケースのその後の状況を知ることは）アンテナが高くなる効果はあ
　るような気がします。「この人がお家に帰ってからはどうなるのかな……」っていう
　ような想像が豊かになると思います（事例12）』

　2つの変化の語りから，「気になる親子」の情報提供から始まる他機関とのやり
取り一つひとつが看護職者の経験知となり，次の情報提供のための発見・判断等
に活かされていく様子がわかる。

《認識強化が起きる》は，もう一つの看護職者の大きな変化である。4つの認識が語られている。

1つ目の認識〈つなぐ目的を認識する〉とは，看護職者が，何のために他機関と連携をとり，親子を支援していくのかという目的を認識することである。

『将来的に子どもを育てていくうえで，不安がないように，経済的な問題で困窮して育児ができないということにならないように，ていう視点では今はまぁ安心ていうか，今の（連携の）システム（ができているの）は（事例1）』
『だから私たち（看護職者）とケースワーカーが今話をして（相談して）いるのは，何が一番，この子が親に，虐待をされないにはどうしたらいいかです（事例3）』

上記の語りから，"つなぐ目的"すなわち連携の目的は，他機関とすでに共有された目的のことであることがわかる。他機関との相互作用が始まり，親子の退院後の生活に他機関がどのよう介入しているのかを含めて理解が深まり，他機関と共有された長期的な連携の目的が語られている。前半の"他機関へ情報提供するケースと確定するプロセス"にも同名の概念が存在するが，産科医療機関の看護職者が単独で「気になる親子」に対してもつ連携の目的の認識であり，本概念は前半の同名概念より連携の進んだ段階の〈つなぐ目的〉であるといえる。

2つ目の認識〈長期的な視点を認識する〉とは，看護職者が子育ては地域の生活の中で，長期的に続くものであることを認識することである。

『今ここだけをみていてもだめだよ，子育ては長いから先のことを考えて，本当に，そこも考えながらみていかないと，やっぱり判断はできないから（事例9）』
『育児って長いスタンスだから，ここ（病院）だけの一部分だけじゃなくて，将来をみていったときに，この人を地域でちゃんと観ていってもらった方がいいんじゃないかというように（事例10）』

3つめの認識〈病院の限界を認識する〉とは，看護職者が病院での援助期間だけで，退院後の子育てを支援するのには限界があると認識することである。

『施設のなかで，もう済んで（退院して）しまったら，その後はお産もいっぱいあって，次から次へと患者さんも来るので，その後その人がどうなったというところは結局追っていけないし，来てもらわないと対応もできないから，どうなっても正直もうわからないままで，よしになってしまいますよね。施設の限界というか（事例8）』

『本当に入院中の関わりしかないので，そこから先の育児を見守るっていうところ
までは，なかなかできていないのが現実なので（事例23）』

　4つめの認識〈橋渡しの必要性を認識する〉とは，看護職者が，他機関の支援
へスムーズにバトンタッチすることが困難なケースに対し，母親と他機関の専門
職者との間を仲介することの必要性を認識することである。精神疾患をもつ母親，
高齢初産で不安の強い母親，若年妊婦の事例が語られている。

『高年初産とか精神科疾患がある人だと，他者の受け入れというのがなかなかでき
にくくて，この病院のここでというのが強いと，それをどううまく保健師さん，地域
にゆだねていくかというところが必要かなと感じますね（事例9）』
『精神疾患を持っている人って，なかなか，新しい人との関係が作りにくいという
のがあって，私たちもなるべく同じ（看護職者が）担当とかを決めて，関わるという
のを心がけているんです。若年妊婦さんも，本人だけじゃなくて，その周りでサポー
トしてくれる親とかの関係もちゃんと築いていかないと，やっぱり，シャットアウト
されちゃうので。そういう意味で，早く（保健センターに）入ってもらいたいという
人もいますね（事例10）』

　上記の語りのように看護職者は，保健師や地域の支援を受け入れるのが難しい
対象の特徴を理解し，そのような場合は自身に橋渡しの役割があることを認識し
ている。
　以上のカテゴリー【支援に還元される経験的な学びを得る】に影響するサブカ
テゴリーが存在する。《フィードバック情報を共有する》であり，他機関からフ
ィードバックされた情報を，看護チームで共有することである。看護チームで情
報が共有されると，看護職者一人ひとりが《親子の生活理解が深まる》等の変化
が起き，経験的な学びを得ることができる。単独概念のサブカテゴリー化であり，
情報が共有されるか否かで【支援に還元される経験的な学びを得る】ことができ
るかも左右される重要な概念であるため，サブカテゴリーとする。

『（家庭訪問を）「依頼したよ」とか，その後，「こんな風に（保健センターから返事
が）来てたよ」みたいなことを，連絡ノートで師長さんが書いてくれます（事例17）』
『それ（保健センターからの返事）を送ったプライマリーに見せて，今はこういう状
況で，こうやってフォローしてくれるみたいだねという形で返しています（事例25）』

　逆に，個々の看護職者にフィードバック情報が共有されなければ，院内で情報

がブロックされることとなり，情報がフィードバックされていないのと同じ状況になってしまう。そのことで，経験的な学びが得られず支援を改善することが困難となる。

　　『そこ（情報のフィードバック）が全然こちらには降りてこないので。本当にこういう独特のケースで，印象に残ってて，私が気にしてたから，師長も教えくれたんだと思うんですけど。それ以外のケースとかは，あんまりないんですよね（事例16）』

　情報のフィードバックが福祉部門のMSW（医療ソーシャルワーカー）に集中する場合や，看護部門でも師長に集中し，それが看護スタッフに情報共有されない場合が考えられる。看護職者一人ひとりが支援に還元される学びを得て成長するために，フィードバック情報を得る部門や人はその重要性を認識し，「気になる親子」を支援するチームとして情報共有を意図的に行う必要がある。

　5．頼れる支援機関として認識する
　カテゴリー【頼れる支援機関として認識する】は1つのサブカテゴリー，5つの概念で構成される（図4-5）。
　【頼れる支援機関として認識する】とは，看護職者が退院後の親子の生活状況と共にフィードバックされた支援内容の情報により，他機関への理解を深め，他機関を頼れる支援機関として認識することである。
　他機関からフィードバックされた情報により，《他機関への理解が深まり》，最終的に〈他機関へ支援をゆだねる〉ことができるようになる。段階を一つずつ進んでいくうごきのあるカテゴリーである。
　《他機関への理解が深まる》は，以下の3つの段階で進んでいく。
　1段階目〈他機関の支援内容を知る〉とは，看護職者が他機関とのやり取りをとおして，他機関が親子に対してどのような支援を行っているのか，その内容を知ることである。連携をとおして，要支援親子への他機関の支援内容を知っていく様子が語られている。

　　『よっぽどひどいケースだと，訪問してくれる。たまに劣悪な（生活）環境とかもあるんですよ。こんなところに（退院後赤ちゃんと）帰るのっていう。そうすると，育児できる環境になるまで，ヘルパーさんが一緒に（掃除や片づけを）やってくれる行

政もあるし。でも保健師さんだけではカバーできないので，ヘルパーさんを雇っている行政もあるので，そういう人が毎日，１日１回は行ってくれるとかっていう感じで。手厚くフォローしてくれるところもある（事例１）』

『（保健師さんは）一時の部分ではなくて，その生活を見据えて指導をしているのかな。訪問に行って，家がこういう様子だから，できることとできないことがある。こうした方がいいと言っても，保健師さんは，この生活だったらこれはできないんだろうなと，いろいろ考えながら指導してくれていると思うんです（事例８）』

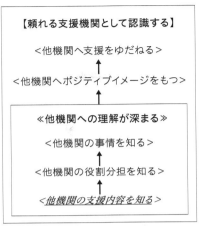

図 4-5　【頼れる支援機関として認識する】
部分結果図

プロセス前半の"情報提供するケースと確定するプロセス"にも同名の概念が存在
するが，前半の概念の示す一般的な他機関の支援内容ではなく，この概念は連携による他機関とのやり取りで得た，要支援親子に対する他機関の具体的な支援内容を知ることであり，理解の広がりと深さが増している。

２段階目〈他機関の役割分担を知る〉とは，看護職者が他機関とのやり取りをとおして，連携先の他機関の各々が親子に対してどのような支援を分担しているのかを知ることである。

『具体的な援助がないと，このケースは入っていけないと思いますね。ただ話を聞いてくれるだけじゃだめだと思う。だから子ども家庭支援センターに病院に来てもらいます（事例２）』
『政令指定都市なので，市の中に保健所と保健センターがあるんです。だから，大まかなハイリスクは保健所が担当しているんですが，ちょっとした生活支援なり育児支援のサポート的なフォローはセンターがやるというように分かれています（事例７）』

具体的には，保健所，保健センター，子ども（児童）家庭支援センター，市区町村の福祉課，児童相談所等の役割が語られている。上記の語りのように他機関の専門職と相互のやり取りができたからこそ，他機関各々の支援の分担が見えてきたと推察できる。

３段階目〈他機関の事情を知る〉とは，看護職者が他機関とのやり取りをとお

して，他機関の支援に関する組織内の事情を知ることである。具体的には，家族の情報が得にくい，親子に問題がなければ新生児訪問は 3 か月後くらいになる，早く新生児訪問に行って欲しいときは医療施設側がハガキに一筆追加する必要がある等である。

　『地域に帰っちゃうと，本人さんがつかまりにくくなってしまうということは（保健師さんが）おっしゃっていましたね。だから，病院のなかでつかまえるって言ったら変ですけど，つかまえて情報を聞いといてもらえるとありがたいっていうのは，言ってましたね。確かにそうかと思って（事例 5）』
　『産後の「こんにちは赤ちゃん事業」で保健師さんが訪問してくれるというのも，時期がすごく後になってしまうことや，（親子に）何も問題がなければ助産師訪問だったり，保健センターの中で出生連絡票を振り分けたりして 3 ～ 4 か月後くらいになって訪問に行く場合もあるというお話を聞いたので（事例 8）』

　これらの語りは他機関の内部事情ともいえ，それを知るためには他機関とのやり取りがある程度深まっていることが必要である。事例 5 の語りでは，保健機関の限界を知り，病院でできることの認識へつながっている状況がわかる。
　《他機関への理解が深まる》と，〈他機関へポジティブイメージをもつ〉→〈他機関へ支援をゆだねる〉へと進んでいく。
　〈他機関へポジティブイメージをもつ〉とは，看護職者が他機関とのやりとりをとおして，他機関や他専門職者に対して，尊敬できる，心強い，頑張っている等の肯定的なイメージをもつことである。

　『特に A 市は（児童虐待予防に）割と関心が高いので，（情報提供ケースの支援依頼に）受け入れがいい感じがします。そうすると，違う B 県の人に（情報提供用紙を）書くというときでも，きっとこういうのを送っても嫌がられはしないよね，うまくキャッチしてもらえる人が絶対にいるだろうと（思います）（事例 11）』
　『保健センターと情報のやり取りをして，ここを退院しても次でちゃんとフォローしてくれるところがあるからねっていう声かけができるようになりました（事例 25）』

　上記の語りは他機関とのやり取りをとおし，よい関係ができていることを表している。一つの他機関へのポジティブな感情が他の事例へも波及し，ポジティブイメージのよい循環が生じていることがわかる。
　一方，下記の語りが示すように，情報のフィードバックがなく看護職者が他機

関に対する理解が深まらないと，他機関や他専門職者に対して否定的なイメージ
をもつことになる。

　　『（保健師さんからの連絡は全くない）なので，やっぱりそこでもう，切れちゃって
　　いるという感じ。連携が取れているというより。こっちも申しわけないですけど，退
　　院した後はお願いねっていうふうな状況にずっとなっちゃっている（事例19)』

　　最終段階〈他機関へ支援をゆだねる〉とは，看護職者が他機関とのやり取りを
とおして，病院の限界を認識し，退院後の親子に対する支援を他機関に任せるこ
とである。

　　『退院後のフォローはうちの病院でなくても，もう関係性ができているから地域の
　　保健師さんに，1週間後に行ってもらおうとか，そういうふうにして（事例9)』
　　『退院した後は私たちが関わることができないから，できるだけ地域の人にお願い
　　しようということで（事例19)』

　　この語りのように病院の限界と他機関に支援をゆだねることがセットで語ら
れ，病院の限界を認識することは他機関へ支援をゆだねる大きな動機となってい
ることがわかる。
　　以上がカテゴリー【頼れる支援機関として認識する】という，他機関への理解
を徐々に深め最終的に他機関に支援をゆだねることができるようになる，看護職
者の変化である。

　6．連携へのモチベーションが高まる
　　カテゴリー【連携へのモチベーションが高まる】は，単独概念のカテゴリー化
である。
　　【連携へのモチベーションが高まる】とは，看護職者が他機関とのやり取りをと
おして，情報提供の有効性を実感したり，他機関の支援を頼もしく感じたり，親
子の最悪の事例を知ること等により，連携を進めていく必要性の認識が高まるこ
とである。【支援に還元される経験的な学びを得る】，他機関を【頼れる支援機関
として認識する】ことが相互に影響しあい，看護職者の【連携へのモチベーショ
ンを高め】ている。また，他機関からの情報のフィードバックを受け〈つないで
よかったと実感する〉ことは，直接連携のモチベーションを高める。

『（情報提供した人の）その後の様子がわかると，結局 DV があったから児童相談所が関わって保護されたというような経過を知ることが出来て。それがこっち（病院）で早く発見してつないでいこうという意識に還元されるのだと思う（事例 12）』

『ここ（病院）で終わらせるというのではなくて，やっぱりそういう，地域に戻すということを，積極的にやっていきたいと思っています（事例 25）』

7．連携が進化する

カテゴリー【連携が進化する】は，3 つの概念から構成される（図 4-6）。

【連携が進化する】とは，看護職者が支援に還元される学びを得て，他機関の支援を認識したうえで，これまでより進んだ連携がとれることである。3 つの行動が語られている。

1 つ目の行動〈病院の役割を果たす〉とは，看護職者が連携における他機関の役割分担を認識した上で，病院が行なわなければならないと認識する支援に取り組むことである。育児技術の習得や家族・生活状況の情報提供等が語られている。

『（医療）施設はこの通り，一時（いっとき）しかいないから，本当に地域で困らないようにするのを考えるのも施設の役目なので，お産の経過も育児手技も，こんな感じでちゃんとやれていたから，後はどういうふうにこれから（支援）してほしいみたいなところを（他機関に依頼していく）（事例 8）』

『事例を見たときに，あ，この人はこういうふうにして地域がこうサポートしている，だから病院としてはこういう情報をもっと提供していけば大丈夫かな，とか，それとか，病院が今すべきことというのが，明らかになったと思います（事例 9）』

2 つ目の行動〈他機関の事情に合わせた支援を依頼する〉とは，看護職者が他機関の内部の事情に合わせて支援を依頼することである。

『本当に虐待リスクでという状況でなければ，ハガキ（出生連絡・訪問依頼票）が行くことで，誰かしらがお家に入って訪問はするわけだから，そこでエジンバラとか，産後うつとかのスクリーニングとかもするし，赤ちゃんの体重も計って，何かあれば指導もするし。だから，そういうケースであればハガキでお願いしますと言われているので，ある程度は，そこら辺の線引き（判断）を私たちがして，ハガキを預かって，そこに一筆書いて出しているというような状況です（事例 7）』

【連携が進化する】
＜病院の役割を果たす＞
＜他機関の事情に合わせた支援を依頼する＞
＜母親と保健師の橋渡し＞

図 4-6 【連携が進化する】部分結果図

『（退院して）3〜4か月後くらいになって訪問に行く場合もあるというお話を聞いたので，（家庭訪問が遅いと），ノイローゼになってしまうと予測される人には，退院してすぐ調整して行ってもらっています。全然手伝ってくれる人がいないとか，子どもがいっぱいる人のところにも，今は（早めに）訪問してもらっています（事例8）』

他機関の事情を知ったことで，支援依頼の方法を変えている様子がわかる。

3つ目の行動〈母親と保健師の橋渡し〉とは，保健機関の支援へスムーズに移行できない母親への保健師の介入を容易にするため，看護職者が母親と保健師との間をとりもつことである。具体的には，妊娠期の早い段階から病院で母親と保健師の顔合わせをする，保健師と一緒に家庭訪問すること，等である。

『若年妊婦のときは，助産師が段取りをして，ここ（病棟）でお話をしましたね。本人と家族と保健師さん2人入って。顔合わせみたいな感じで，これからこの保健師さんが担当になりますって導入していきました（事例6）』
『精神科疾患とかがあったりすると，自分の判断というか決断ができなかったりっていうと，じゃあこっちから……。「こちらで（保健センターに）電話しておきましょうか」って。「あなたが誰（保健師）に連絡をしたらいいのかを確認しますけど，その方がいいですか」と聞くと，その方がいい，と言うことが多くて。（保健センターに）事情を言って向こう（保健センター）の誰に連絡したらいいのかというのを確認して。それでお母さんに，何っていう保健センターで，誰々さんという保健師があなたの担当なので，電話するときに誰々さんに言ってと（伝えます）（事例9）』

看護職者は母親が相談しやすいように行動したり，保健師が介入しやすいように行動したり，母親・保健師どちらにも働きかけていることがわかる。

長い妊娠期間を見守り援助し，苦しい陣痛を伴う分娩に寄り添い，授乳などのタッチケアを行い，その中で母親との信頼関係を構築する看護職者だからこそできる役割だといえる。産科医療施設の看護職者にしかできない病院での支援かもしれない。

以上のように，病院においてどのような連携が進化した支援が行われているのか，3つの行動が明らかとなった。

8．連携の相乗効果

サブカテゴリー《連携の相乗効果》は2つの概念で構成される（図4-7）。

《連携の相乗効果》とは，看護職者が他機関の専門職者と〈顔の見える関係がで

≪連携の相乗効果≫
<顔の見える関係
ができる>
↓
<気軽に相談できる>

図 4-7 【連携の相乗効果】
部分結果図

きる〉ことで〈気軽に相談できる〉ようになり，さらに連携が発展することである。

〈顔の見える関係ができる〉と〈気軽に相談できる〉の 2 つの概念は切り離せないセットで語られており，看護職者が連携の体験をとおして他機関の専門職者とお互いに顔見知りになり，相談しやすい関係ができ，気軽に相談できるようになることである。

『保健師さんと顔見知りになると，ちょっと連絡したりということが出てくる。児童相談所の人とも，「この間はお世話になりました」みたいな感じになり，こういう場合はどうしたらいいでしょうと相談できるようになってきたと思います（事例 9）』
『○○保健所とのミーティングがあったので，呼ばれて行ったんですけど，やはりそういうふうな顔合せができて，ケースの報告とかがあると，送りやすいですとか，相談しやすいつながりができやすいかなと思うので（事例 13）』

語りからもわかるように，顔の見える関係ができると気軽に相談できることになり，【連携が進化する】ことや【新たな段階の連携が生まれる】ことを促進し，《連携の相乗効果》を生む。できるだけ〈顔の見える関係〉を早期に作ることが，連携を促進する要因であるといえる。

9．新たな段階の連携が生まれる
カテゴリー【新たな段階の連携が生まれる】は 3 つの概念で構成される（図 4-8）。
【新たな段階の連携が生まれる】とは，進化した連携を継続することで，連携が新たな段階に発展することである。3 つの連携行動が語られている。
1 つ目〈協働で支援の方針を決める〉とは，病院のケース関係者と他機関の関係者が合同カンファレンスを開催し，多機関でケースの支援の方針を決定することである。

【新たな段階の連携が生まれる】
<協働で支援の方針を決める>
<協働で支援する>
<連携のシステムができる>

図 4-8 【新たな段階の連携が
生まれる】部分結果図

『（精神疾患合併の妊婦がいて）その方は妊娠中に入院したり，結構症状がある方だったので。出産に向けて，ソーシャルワーカーと，精神保健担当の保健師さんと（師長と）で，病院でカンファレンスを開いて話

し合ったんです。病院としてはこういうプランで，保健所としてはこういうプランっていうので話し合って，妊娠中は病院で看て，退院後は保健所で看てもらって。保健所が休みの土日は病院に電話をかけてねって患者さんには言うというような感じで，いろいろ調整をして（事例 4）』

『その事例のときは，みんな（児童相談所，保健センター，福祉）揃ってもらって，専門家だけで一回相談をして，その後，彼女（母親）を含めた相談の場も設けて，本人と，福祉と，保健センターと一緒に方向性を決めました（事例 24）』

2 つ目〈協働で支援する〉とは，看護職者が妊娠・出産に関わった親子を，情報交換し合いながら他機関と一緒に支援することである。

『保健師さんが定期的に（妊婦健診を）受診するところを，（同行してくれ）支援してくれて。連絡をとりながらお産まで（一緒に支援しました）。赤ちゃんの物の準備も保健師さんがやって。私たちだけではなくて，（保健師さんが）看てくれたから揃えられて，育児もできていったのかなあと。事細かに保健師さんがいろいろやってくれたから，無事に子どもが育っていったのかなと（事例 8）』
『DV で本人が本当に，逃げたいけど逃げられないような場合は，もうあらかじめ段取りを組んで，保健師さんと。入院のときに必ずこれとこれを持ってきてください，と。で，そのまま退院時に逃げるというようなこともありましたね（事例 7）』

3 つ目〈連携のシステムができる〉とは，子ども虐待予防のための，発見，情報提供，継続的な情報共有という連携のシステムができることである。具体的には，ハイリスクケースの発見のためのチェックリストの作成，情報提供用紙の作成，定例会議の開催等である。

『保健師と連絡をとるケースもやっぱり多かったというところから，やっぱりシステム化してというような形になってきたんだと思いますけど。（窓口担当の看護職者をおいて）チェック用紙をつくって，じゃあチェックしていこうというような形になってきたので（事例 7）』
『年に 2 回，保健師さんと，病院の担当者（産科，NICU）が集まって，事例の検討をしたり，報告をしたりという会議があるのです。そこで窓口の一本化ができてきたので，保健所，保健センターから，ハイリスクだという人の連絡は，今はもう（窓口の看護職者に）定期的に入るようになっているんです。それで，そういう人（ハイリスクな親子）はもちろん，産んだ後も，保健センターに既定の用紙とサマリーを送って，この人がいつお産してこんな感じで入院中は過ごしましたという報告をします。ハイリスクな人に関しては，妊娠中からずっと，何か問題があれば，その都度，保健

センターにも返すようにしていますし，継続的に看てもらうというふうに形ができてきました（事例8）』

　以上の語りから，【新たな段階の連携が生まれる】とは，病院だけでなく，多機関が連携し，相互の強みを活かし，お互い補完し合いながら支援の必要な親子へ協働で支援し，そのシステムができていくことである。1回の連携で終わるのではなく，システムができることで安定した連携が継続されることになる。

10. 対極概念による連携の発展を阻害する【一方通行の悪循環】

　M-GTA ではデータを概念の定義に照らし合わせ，類似例と対極例を継続比較検討していく。この分析テーマにおいて概念の対極例が意味することは，他機関との連携の発展が阻害されることを意味する。具体例の多数存在する対極例を対極概念として扱い，連携を阻害する【一方通行の悪循環】の結果図（図4-9）を示し，ストーリーラインを説明する。短いストーリーであるため，文中に研究参加者の語りを示して説明する。研究参加者の語りは『ゴシック文字』で示す。

　産科医療施設（総合病院）に勤務する看護職者が，「気になる親子」の情報を提供しても，他機関から〈情報がフィードバックされない〉場合がある。

　　『毎回サマリーをあれだけ送って，しかも返事が返ってくるように，わざわざ用紙までつけて送ってるにもかかわらず返事が返ってこない（事例12）』

　そうすると，〈退院後の親子の状況がわからない〉ため《親子のなりゆきがわからない》状況となる。

　　『（ケースの退院後の情報は）すごく知りたいんです。本当は。だけど，退院後の情報はもうわからないです。地域に行っちゃうと。その方がどうなっていったのかっていうことは，実は知りたいです。知りたいけど，知る術もないし（事例6）』

　語りからは，知りたいがわからないもどかしさが伝わってくる。
《親子のなりゆきがわからない》ため支援の振り返りができず〈支援の評価や課題がわからない〉状況となる。

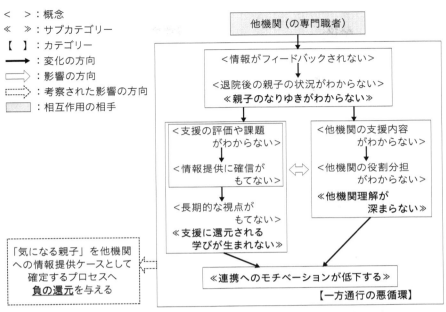

＜　＞：概念
≪　≫：サブカテゴリー
【　】：カテゴリー
→：変化の方向
⇨：影響の方向
⇢：考察された影響の方向
▨：相互作用の相手

図 4-9　対極概念による結果図　連携を阻害する【連携が閉ざされる】のプロセス

『本当に何が問題なのかっていうのを，今の状態じゃみつけらない。この人，問題だったんだというのが，（情報が戻らず）結果もなにもわからないから，わからない（事例 16）』

そのため看護職者が，〈情報提供に確信がもてない〉ことになる。

『自分なりにはやっているつもりなのですけど，はたして保健師さんが，欲しい情報をちゃんと送ることができてるかな，という不安もあります（事例 19）』

看護職者はフィードバックがないことで，自己評価もできず確信ももてず退院後の子育てを理解するための〈長期的な視点がもてない〉状況になる。

『自分が違和感をもったケースのその後がどうだったのかというのを追えることによって，自分の経験を固めることができる。あの違和感が当たっていたと思う経験ってすごく重要な気がします。その先の自分の経験に活かせる。地域でのことがわかればもっと長い目で（子育て）全体を見られる助産師が育つと思いますが，情報が返っ

てこないから無理ですね（事例 13)』

以上のプロセスにより，《支援に還元される学びが生まれない》ことになる。
　一方，〈情報がフィードバックされない〉ことで親子にどのような支援が行われたのか知ることができず〈他機関の支援内容がわからない〉状況となる。

　『（保健センターから返事がないので）どこまで，対処してくれてるのかって見えないので私たちには』（事例 15)』
　『向こう（保健センター）の状況を知ること（が必要）です。（お母さんに）紹介するにも，どういうことをしているところか知らないと伝えられないので』（事例 21)

　他機関の支援内容がわからないと，その〈役割分担がわからない〉状況となり，《他機関理解が深まらない》こととなる。

　『これは県の保健所の管轄か，市町村保健師で動けるのか，その辺が私たちよくわからなくって。「何でも保健所でいいんだろう」みたいに，電話すると，「それは市町村だよ」とか言われたり，市町村でやれるんだったら，すごく簡単にいくことが，県の方に出すと動いてもらえないとか（事例 18)』

　《支援に還元される学びが生まれない》《他機関理解が深まらない》ことは，《連携へのモチベーションが低下する》ことにつながる。

　『自分たちがこういうの（情報提供用紙）を送って，その後どういう対応をしてくれたのかっていうところのフィードバックがあると，私たちも，よかったなとか，もうちょっと頑張ろうかなっていうモチベーションにつながるのにと思ったりします（事例 5)』
　『どこまでやってくれてるのかわからないでいると，やり甲斐にならない。「送ってよかったね」ってどうしても言えない。動機づけにならないですね（事例 15)』

　上記のように，産科医療施設の看護職者からの情報提供のみという一方通行は，《支援に還元される学びが得られない》《他機関理解が深まらない》を経由し《連携のモチベーションを低下させ》，「気になる親子」を他機関への情報提供ケースとして確定するプロセスに負の還元を与え，連携の発展を阻害し，【一方通行の悪循環】となっている。

第7節　日々の看護実践に活かすために（まとめ）

1．産科医療機関と他機関が相互作用できる環境を作る

　連携が発展するプロセスの始まりは，産科医療施設の看護職者と他機関の専門職者の接触・情報交換という相互作用であった。相互のやり取りが始まらなければ，対極例で示した【一方通行の悪循環】が生じ連携が発展しない。産科医療施設で支援が必要な「気になる親子」を特定した場合は，必ず保健機関等に情報提供し，情報のやり取りを始めることが大切である。また，第3章でも述べたが，行政に働きかけて定期的な情報交換の場を作る，要保護児童対策地域協議会に参画する等，産科医療施設の看護職者が退院後の親子の情報や他機関の支援内容を得ることのできる環境づくりが重要である。

2．他機関からの情報を留まらせることなく看護チームで共有する

　他機関から情報がフィードバックされない場合，【一方通行の悪循環】に陥り，連携の発展が阻害されていた。このことから，他機関からの情報のフィードバックは極めて重要である。多くの看護スタッフが働く総合病院において，フィードバック情報が看護職者に共有されなければ，経験的な学びが得られず連携が発展することが阻害される。総合病院の場合は，MSWに情報がフィードバックされることも多く，その情報が看護職チームに伝わらなければ看護職者の連携の発展への力の育成を阻むことになる。また看護職チームの中でも師長や窓口担当の看護職者のみが情報を把握し，スタッフが共有できない場合も同様である。連携の発展を阻害させないためには，他機関からの情報のフィードバックがあること，その情報が窓口担当者で留まらず，看護職チーム全員で共有できることが重要である。

3．自己評価により「気になる親子」を発見・判断する力を育成する

　看護職者は他機関の専門職者から，情報提供ケースが濃厚な継続支援が必要という報告を受ければ，リスクの高いケースだったことを再認識し，情報提供してよかったと自己評価する。さらに，入院中の親子の様子と退院後のなりゆきを結びつけて，次の判断基準となるための経験として蓄積していく。そして，「気になる親子」に対する気づきの感度が高くなる。「この人が家に帰ってどうなるのかな

という想像をして……」という語りのように，入院中の親子に対して，退院後の状況を予測したうえで気づきにつなげていた。退院後の親子の生活理解が深まることで，退院後の予測ができるようになる。Benner（1984/2005, pp.5-7）は，予測や予期は体験談報告を検討していく中で，新たに生じる疑問とつき合わせていくことで発展し，検証されていくのであり，既知の理論や一般論では無理であると述べている。他機関からフィードバックされた退院後の親子の状況を具体的に知り，入院中の自己の支援に対する疑問とつき合わせることは体験を検討することになり，予測や予期の力が培われ，「気になる親子」の発見の力へ還元されていく。このことから産科医療施設では，情報提供したケースの退院後の状況や地域での支援の情報をもとに，入院中の状況とつき合わせた事例検討等を行うことが有用であると考える。

　4．病院の強みを活かし他職種につなぐ相互補完的な支援を行う

　病院の強みを活かした支援とは，【連携が進化する】に位置する〈病院の役割を果たす〉〈他機関の事情に合わせた支援を依頼する〉〈母親と保健師の橋渡し〉である。病院の強みとは妊婦健診から産後の入院期間をとおして築いた信頼関係である。苦しい陣痛を伴う分娩に寄り添い，授乳などのタッチケアを行い築いてきた信頼関係を活かし，他機関には困難な支援を行っていく必要がある。具体的には，精神疾患等の他者を受け入れにくい，退院後は連絡がつきにくいといった親子の特性に合わせ，病院で保健師との面談を設定したり，初回の家庭訪問に同行したり，入院中に夫や家族関係の情報を収集したりといったことである。これらは，連携における相互補完性であるといえ（Abramson & Rosenthal, 1995；松岡，2000），他機関との相互作用により【支援に還元される学びを得る】ことで，相互補完性が高まることが示された。母親と保健師の橋渡しは，大友と麻原（2013）の示した連携システムの方法「医師，助産師が保健師の支援を拒否する母親との関係をつなぎとめる」と同様であり，産科医療施設の看護職者が貢献できる連携の重要な方法であるといえる。

　また基本的であるが，病院入院中に母親に対して，できるだけ子どもに愛情をもてるよう，母乳育児や育児技術の習得ができるよう支援することも病院の強みを活かした支援といえる。退院後の子育ての基礎づくりも病院における重要な役割である。

5. 虐待予防だからこそ多職種で支援を行う

　他機関との相互作用は産科医療機関における支援の限界を認識させ，それを補うために〈他機関に支援をゆだねる〉ことができるようになる。これも上述したように，病院の限界を他機関が支援するという相互補完性を発揮した状態である。虐待事例には多くの困難な要因（条件）が複雑に関与しているために，一機関，一専門家では対応が困難で，多職種が連携し対応することの必要性が強調されている（日本子ども家庭総合研究所，2014）。経済的な要因，社会的な要因は産科医療機関だけでは対応できない。そのことを十分認識し，相互に親子を支えあうために，他機関の理解を深め，多職種で連携を進めていくことが重要である。

　連携が最も発展した【新たな段階の連携が生まれる】状況においては，多職種が一緒に支援の方向性を決定し，協働し，連携のシステムを作り安定・継続的に支援していた。強みを活かし，弱点は多機関で補完し合い「気になる親子」を支援していくことが重要である。

　以上に述べたように，他機関との連携による学びは支援に還元され，らせんを描くように徐々に連携を含めた支援が発展していく。そのらせんが描けるように，他機関との相互作用をスタートさせ，「気になる親子」への各々の機関の強みを活かした支援を行い，親子がその親子なりに育っていけるよう支えていく必要がある。

引用文献

Abramson, J & Rosenthal, B. (1995). Interdisciplinary and Inerorganizational Collaboration. In R. L. Edwards (Ed), *Encyclopedia of Social Work* (19th ed.), 1479-1489. Washington, DC, NASW Press.

Benner, P. (1984). *From Novice to Expert: Excellence and Power in Clinical Nursing Practice*. (井部俊子訳（2005）．ベナー看護論：初心者から達人へ．医学書院.）

唐田順子, 市江和子, 濱松加寸子（2015）．産科医療施設（総合病院）の看護職者が「気になる親子」の情報を提供してから連携が発展するプロセス―乳幼児虐待の発生予防を目指して．日本看護研究学会雑誌, 38 (5), 1-12.

松岡千代（2000）．ヘルスケア領域における専門職間連携―ソーシャルワークの視点からの理論的整理．社会福祉学, 40 (2), 17-38.

日本子ども家庭総合研究所（2014）．子ども虐待対応の手引き―平成25年8月厚生労働省の改正通知．有斐閣.

大友光恵, 麻原きよみ（2013）．虐待予防のために母子の継続支援を行う助産師と保健師の連携システムの記述的研究．日本看護科学会誌, 33 (1), 3-11.

■ 第5章

研究3　産婦人科病院・診療所の看護職者が「気になる親子」を他機関の情報提供ケースとして確定するプロセス

　この章では，産婦人科病院・診療所に勤務する看護職者の「気になる親子」への気づきから情報提供ケースとして確定し，他機関との連携が発展するプロセスの前半部分の研究について述べていく。総合病院との差異については，結果・まとめの各所に含めて示していく。

第1節　研究の目的

　産婦人科病院・診療所に勤務する看護職者が妊婦健診や分娩前後の入院期間中に，どのように「気になる親子」に気づき，他機関への情報提供ケースとして確定していくのか，そのプロセスを明らかにする。

第2節　研究参加者とリクルート方法

　研究参加者は，産婦人科病院・診療所に勤務する「気になる親子」を支援した経験をもつ，産科経験年数3年以上の看護職者である。
　機縁法により8名の研究参加者を得た。

第3節　データの収集方法

　データは2012年2月から2012年7月にかけて収集した。インタビューは半構造化面接により行った。面接は各施設内でプライバシーの保たれる個室で実施した。主なインタビュー内容は，第3章と同様である。

第4節　分析テーマ

　産婦人科病院・診療所に勤務する看護職者が，親子に対して「気になる」と感じ，他機関に情報提供するケースとして確定するプロセス

第5節　分析焦点者

　産婦人科病院・診療所に勤務し，「気になる親子」を支援する看護職者

第6節　分析方法

　分析方法は基本的に第3章 pp.30-31 に示す方法と同様であるが，この研究3においては研究1（総合病院）と同じ分析テーマであるが，分析焦点者および収集したデータが異なる。このような分析において留意した点を説明する。

　特に留意した点は，"産婦人科病院・診療所に勤務している「気になる親子」を支援する看護職者"という分析焦点者の視点を徹底することと，grounded-on-data の原則に沿って，具体例が示す範囲内で解釈を行い概念名の命名を行うということである。研究1と同じ分析テーマであるため同様な内容を示す概念が生成されることがあり，同じ概念名をつけるか否かで悩むことがあるが，その概念の具体例が示す範囲で定義を設定し命名することで異なる概念名となる場合もあった。例えば，子ども虐待のリスクを探るために観察の視点をもち情報収集に臨むことを表す概念において，研究1では〈定型因子を念頭におく〉という命名となり，研究3では〈観察の視点をもつ〉という命名となっている。〈定型因子を念頭におく〉の具体例には子ども虐待のリスク因子を列挙しているものが多く，書籍にある表のイメージを語る人もおり，明確な子ども虐待のリスク因子が頭に入っている様子であったことからこの命名となった。一方〈観察の視点をもつ〉は親子に出会ったとき，どのような視点で観察するのかを示しており，子ども虐待のリスク因子を語る人もいるが，サポート体制や母親の赤ちゃんへの接し方等も語られ，広い視点で語られていたため，この命名となった。どちらにも子ども虐待のリスク因子の視点は入っているが，概念に含まれる具体例を包括する命名にすると，2つの概念名は異なることとなった。逆に具体例が示す解釈が同様であれ

ば，同じ概念名を命名した。

　次に留意した点は，概念間の関係性の検討によりサブカテゴリー，カテゴリーを生成し，さらにその関係性を検討し，結果図・ストーリーラインを作成する際に研究1の結果を意識したことである。この研究3の結果では産婦人科病院・診療所の特徴を明らかにするという狙いがある。研究1の結果との類似点・差異に注目する必要がある。分析テーマに照らし合わせてサブカテゴリー，カテゴリーの命名を行うが，研究1の概念と同じまたは類似するものが包括されるサブカテゴリー，カテゴリーは可能な場合，同じ命名を使用した。そして全く新しい概念，カテゴリーについてはプロセスのどこに位置づくのか，分析テーマに沿って検討した。

第7節　結　　果

1．研究参加者の概要

　8人の看護職者（助産師）から本研究への同意が得られ，各人1回のインタビューを行った。インタビューは，データ分析により概念がこれ以上生成できない状況に至ったことを確認し，8人で終了とした（表5-1）。

　研究参加者の年齢は29歳～61歳で，平均年齢45.3（±11.7）歳であった。経験年数は6年～36年で，平均16.9（±9.6）年であった。研究参加者の所属は，診療所が7施設，産婦人科単科の病院が1施設であった。インタビュー時間

表 5-1　研究参加者の概要（産科病院・診療所）

事例	年齢（歳）	経験年数（年）	施設の医療法区分	インタビュー時間（分）
1	40歳代前半	12	診療所	106分
2	50歳代前半	26	診療所	107分
3	30歳代前半	10	診療所	73分
4	40歳代後半	15	診療所	101分
5	20歳代後半	6	診療所	60分
6	60歳代前半	36	診療所	86分
7	40歳代前半	15	病院（産婦人科単科）	96分
8	60歳代前半	15	診療所	99分

は60〜107分，平均91分（1時間31分）であった。

2．結果の概要とストーリーライン

　分析の結果，30の概念，4つのサブカテゴリー，8つのカテゴリーが生成された。図5-1に結果図を示す。〈　〉は概念，《　》はサブカテゴリー，【　】はカテゴリーを表す。総合病院と異なる全く新しいカテゴリーは点線の四角で囲んだ。

　明朝斜体のフォントで下線を引いているものは，総合病院と同名の概念，サブカテゴリー，カテゴリーである。

　産婦人科病院・診療所の看護職者（以下，看護職者）が「気になる親子」に気づき，情報提供ケースとして確定するプロセスの中心的な存在であるコアカテゴリーは，【師長や助産師が中心となり確認・判断・対応を担う】である。産婦人科病院・診療所では，「気になるサイン」に気づいた後，日勤勤務が多い師長，助産師が担当者に決定する。助産師が少ない施設では，必然的にその数人の助産師の誰かが担当者になる。担当者を中心に，追加情報を得てリスク状況を確認し，情報提供ケースと判断し，母親・家族に同意を得て，他機関に連携するまでを担当している。すなわち，「気になる親子」の気づき以降のすべてのプロセスを担当者が中心となり担っているのである。

　担当である師長や助産師が中心となり情報を確認し，支援が必要な「気になる親子」と一度結論を出しても，【院長という権限者の方針】に沿って結論が出され，院長の意向は最終決定に大きな影響力を示す。院長によっては〈看護職者へ役割と権限が委譲され〉る場合もあり，「気になる親子」の発見から連携へのプロセスは，施設によって状況が異なる。

　産婦人科病院・診療所には〈外来は外来，病棟は病棟のスタッフ配置〉や〈外来は点の関わり〉〈業務に追われる〉といった【リスクの探索や確認が困難な環境】にあるが，これを担当者である師長や助産師が病棟と外来を自由に行き来し発見，確認，対応をしており，困難な環境を補っている。

　このコアカテゴリーを軸に図5-1に示す理論（結果図）が生成された。全体のストーリーラインは以下である。

　看護職者が子ども虐待の〈観察の視点をも〉ったうえで，【援助のなかでリスクを探る】ことで，【気になるサインに気づく】。その後，【師長や助産師が中心となり確認・判断・対応を担う】ことで，退院後の〈母親自身の子育て力〉や〈周囲のサポート力〉から危険を予測し《退院後の子育てを見極め》，同時に《地域での

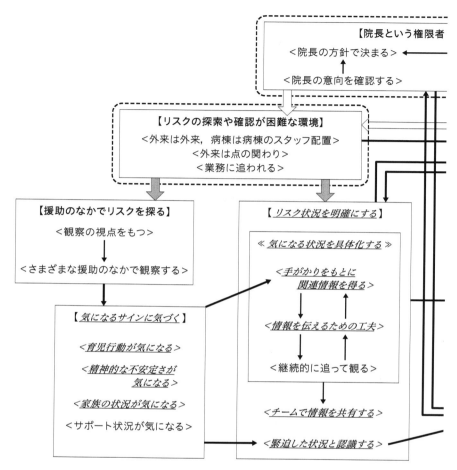

図 5-1 産婦人科病院・診療所に勤務する看護職者が親子に対して「気になる」と感じ，他機関に情報提供するケースとして確定するプロセス（総合病院との相違点含む）結果図（見開き）

支援の必要性を認識し》【長期的な子育てを見据え判断する】。【院長という権限者の方針】に沿い結論を出し，本人・家族の【同意のハードルを越える】ことで情報提供ケースと確定することである。

　以下は，総合病院の結果と異なるカテゴリーについて考察を含めた分析結果を説明する。具体例（バリエーション）である語りは，ポイントを下げた『ゴシック文字』で示し，（　）は文脈を明確にするために研究者が補った。

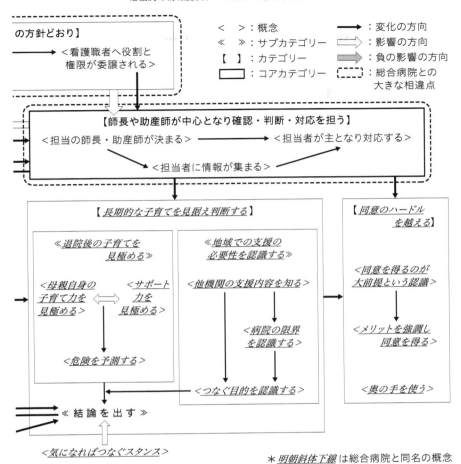

図 5-1　産婦人科病院・診療所に勤務する看護職者が親子に対して「気になる」と感じ，他機
関に情報提供するケースとして確定するプロセス（総合病院との相違点含む）結果図（見開き）

3．援助のなかでリスクを探る

カテゴリー【援助のなかでリスクを探る】は2つの概念から構成される（図
5-2）。

【援助のなかでリスクを探る】とは，看護職者があらかじめ虐待のリスク要因や
継続して観察が必要な視点をもったうえで，多様な援助のなかで観察することで
ある。総合病院の結果ではリスクアセスメントのツールを使ったり，問診を掘り
下げる等の多様な方法でリスクを探っているが，産婦人科病院・診療所ではシン

【援助のなかでリスクを探る】
<観察の視点をもつ>
↓
<さまざまな援助のなかで
観察する>

図5-2 【援助の中でリスクを
探る】部分結果図

プルに観察することが語られている。
　〈観察の視点をもつ〉とは，看護職者が親子に出会ったとき，どのような視点で観察するのか，その視点をもつことである。観察する前の準備の状況といえる。具体的には，家族の面会時の様子，赤ちゃんへの接し方，子ども虐待のリスク因子等である。

　『私たちが実際に関わっていてこの人はって思うことに関しては，サポート体制があるかっていうところと，あとは指導しながら関わっていくなかで育児行動がうまくできているのかとか，愛着のある言動が聞かれないとか，そういったところで，この方は今後も追っていかないといけないと，観る視点ではありますね。個人病院なので，未受診とか飛び込み出産みたいなものや，虐待のリストに挙がる大きな要因になるような方はそんなにはいないんですけれども，時々，精神疾患を抱えた方だけどサポートがないとかもあるので（事例3）』
　『シングルであるとか年が若いとか逆に年がいっているとか，経済的にどうなのかとか，それから，家族構成上，この人，援助が得られるのかなとか。それとか多産（事例6）』

　上記のような観察の視点を準備したうえで，〈さまざまな援助のなかで観察する〉ことになる。〈さまざまな援助のなかで観察する〉とは，看護職者が外来での問診や保健指導，入院中の授乳援助や育児指導等というさまざまな援助のなかで，母親の話を聞いたり行動を観察することで「気になる」と感じることである。

　『何で気づくって……。でもやっぱり授乳しているときにお話を聞いたりとか，退院指導のときに，家に帰ってからのサポートのこととかを聞いて，ちょっとやっぱり気になる（事例5）』
　『陣痛がきて陣痛室にいる間とかで対応をしてくなかで，余りにも受け答えがとか質問がすごく多いとか，的を外れた質問をしてくるとか。そういうことを，みんなが，多分，接していくなかで，この人はちょっとというのを，感じているんじゃないかなと思います（事例7）』

　通常の業務である多様な援助のなかで，子ども虐待の視点をもちリスクを探索するという大きなうごきは総合病院も産婦人科病院・診療所も同様である。

４．リスクの探索や確認が困難な環境

カテゴリー【リスクの探索や確認が困難な環境】は，３つの概念で構成される
（図 5-3）。

【リスクの探索や確認が困難な環境】とは，看護職者が「気になる親子」への気
づきや，リスクの状況の明確化が困難な環境にあることである。リスクへの気づ
きや状況の確認に負の影響を与える。具体的には３つの環境である。

１つ目の環境〈外来は外来，病棟は病棟のスタッフ配置〉とは，産婦人科病院・
診療所のシステムとして外来と病棟の看護単位が分かれており，固定化されてい
ることである。このようなシステムでは，病棟の看護職者は親子との出会いは病
棟入院してからとなり，退院までの短い期間で気づき，リスクを確認し，判断す
るということになる。かなり厳しい状況が予想される。

『（診療所の）システム上，妊娠中から関わることが少ないので，お産に入っていき
なり，一期一会じゃないけれども，その短い時間に（関わっています）（事例２）』
『当院では外来スタッフと病棟スタッフが，結構分かれてしまっている部分が多く
て。なるべく助産師は病棟でお産を中心にやっている感じで。外来スタッフは，看護
師がほとんどメインでやっているんです。（事例３）』

２つめの環境〈外来は点の関わり〉とは，外来の妊婦健診において看護職者は，
親子と関われる時間が短く「気になる」と感じることができにくい環境のことで
ある。

『外来も点でしかないから，そこまで見抜けないかもしれない。妊婦健診は（医師
から）元気だねって言われれば，そのまま妊婦さんは帰っちゃうわけです（事例１）』
『結局外来のスタッフは診察介助だけなんで，あんまりそういう患者さんの話を聞
くっていうことはないので（事例５）』

上記の語りから妊婦健診において看護職者は医師の診察介助にとどまり，親子

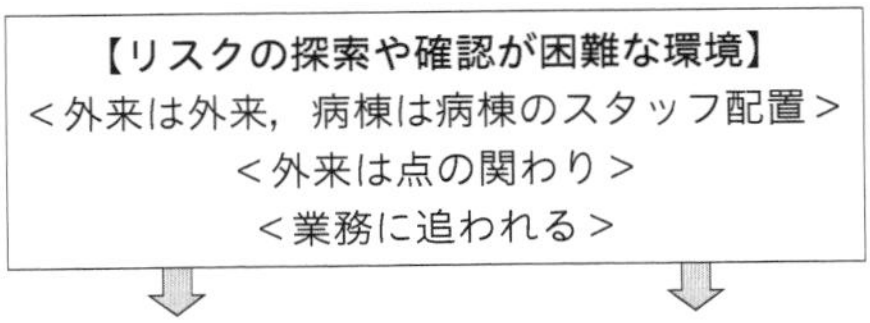

```
【リスクの探索や確認が困難な環境】
<外来は外来，病棟は病棟のスタッフ配置>
<外来は点の関わり>
<業務に追われる>
```

図 5-3　【リスクの探索や確認が困難な環境】部分結果図

から話を聞けない環境にあることがわかる。

　しかし施設によっては外来の看護職者が診察前や保健指導の際，母親から話を聞く時間を取る工夫をされているところもある。

　　『外来で先生の診察の前に，看護師または助産師がお腹の張りはどうですか，とか，そういう話（気になる情報の話）とかを聞くんですよね（事例４）』

　３つめの環境〈業務に追われる〉とは，看護職者が業務に追われて，「気になる」と感じた親子の情報を収集したり，チームで話し合う等が行えず，「気になる」と感じても情報提供するか否かの判断に至らないことである。

　　『気づきにくい環境。みんな業務に追われちゃって，ママが何時に授乳して，授乳が終わって帰ってきてとか，その業務が終わればいいようなそんな雰囲気もあったのかなと思っちゃう（事例１）』
　　『うちなんて，お産難民をつくらないための施設のようなものだから，（分娩を制限していないから分娩が多くて）もう本当に忙しくて，手のすき間からこぼれているのじゃないかなっていう感じです（事例２）』

　語りが示すように，業務が忙しく，追加情報を得て見極めをすることができない状況であることがわかる。また，分娩での入院は４・５日であり，あっという間に退院になるという状況もあり得る。
　以上の３つの困難な環境は，【援助のなかでリスクを探る】ことや追加情報により【リスク状況を明確にする】ことに負の影響を与える。

　５．師長や助産師が中心となり確認・判断・対応を担う
　カテゴリー【師長や助産師が中心となり確認・判断・対応を担う】は，３つの概念で構成される（図5-4）。
　【師長や助産師が中心となり確認・判断・対応を担う】とは，担当者が主となりリスク状況の確認や「気になる親子」の判断，母親・家族・他機関との対応等を担うことである。前述したようにこのカテゴリーはプロセスのコアカテゴリーである。気づき以降の【リスク状況を明確にする】【長期的な子育てを見据え判断する】【同意のハードルを越える】３つのカテゴリーに示されているすべてのうごきを，この担当者が中心に進めている。

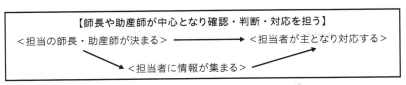

図 5-4　【師長や助産師が中心となり確認・判断・対応を担う】部分結果図

1つ目の〈担当の師長・助産師が決まる〉とは，「気になる」と感じた親子を，
退院まで追って関わっていく担当の師長や助産師が決まることである。日勤が多
く全体的な業務をしている師長や，少数しかいない助産師に担当が決まっていく。

『みんな勤務がばらばらだから，一人（の看護職者）で追いかけるのはできないか
ら。（日勤が多い）私（助産師）と師長さんみたいな感じに，自然になっちゃう（事
例1）』
『お産の件数が多いのもあって，（スタッフは）なかなかじっくり関わることができ
なくて。私は今（師長なので），勤務につくというよりは，全体を見て，気になる患者
さんがいればその人につきっきりになるような感じの勤務の仕方をしているので（事
例3）』

担当者が決まることは，交代制勤務で看護職者全員がバラバラに勤務し継続性
のない状況を補っていることがわかる。
2つ目の〈担当者に情報が集まる〉とは，担当者に他の看護職者から「気にな
る」と感じた親子の情報が集まることである。

『だんだんみんなもその人たち（担当者）が関わっているってわかるから，担当の
人に情報を入れてくるわけです。カルテに誰々が担当なんて書いていないんだけど大
きい病院じゃないからわかるから，みんな言ってきてくれる（事例1）』
『私は今（師長なので），なるべく，全体を見て，気になる患者（妊産婦）さんがい
れば私が担当して，情報はみんなこっち（私）に上げてくるのです（事例3）』

3つ目の〈担当者が主となり対応する〉とは，「気になる」と感じるケースの担
当者になった看護職者が，主に一人でいろいろな対応を行うことである。具体的
には，最終判断をする，母親・家族から同意を取る，書類を作成する，他機関に
電話をかける等である。担当者は幅広い業務を担当している。

『（スタッフには）任せられないと思いました。だって，他のスタッフはその人（精神疾患のある情報提供ケース）の現状をそこまで知らないから。やっぱり，そういう人ってタイミングが必要だから，何時に連れていくとか，何時にすぐこれをやってとか，保健師さんが来るからここで会わせなきゃとか，そういう微調整をしっかりやらないと，全ての計画が狂っちゃうっていうか（事例1）』

『保健センターとの連絡なんかは，一手に引き受けている感じになっているね。（看護師さんも）保健師さんから電話がありましたって言ってくるもので，出るという感じですね。（もう一人の助産師より）私のほうが主になっちゃっているかな。（事例6）』

　総合病院においてはチームで退院後の子育てを見極め，結論を出していたものを，産婦人科病院・診療所では情報こそスタッフから集まるものの，担当者が「気になる親子」と判断し，母親・家族からの同意を得て情報提供ケースと確定している。子ども虐待の連携において，院内外の窓口を一本化することが望ましく（小林，2012；杉下ら，2011），その役割を担うのは，助産師，MSW（医療ソーシャルワーカー），心理士等施設の特性に適した人材をあてるのが妥当である（栗原ら，2010）と報告されている。産婦人科病院・診療所は施設規模が小さく，施設にMSWや心理士がいることは稀である。そのため，子ども虐待予防に関心の高い助産師や，日勤で継続して観察することのできる師長が担当者の役割を担うことは，施設の特性に適した人材により窓口の一本化ができているといえる。

　師長や助産師が中心的な役割を担うことは，業務に追われる看護職者に代わり「気になる」と感じる親子の関連情報を継続的に得たり，外来や病棟を行き来しながら情報収集や対応を行い，【リスクの探索や確認が困難な環境】を補っている。また，病棟での交代制勤務による継続性のなさも補完している。

　6．院長という権限者の方針どおり
　カテゴリー【院長という権限者の方針どおり】は3つの概念から構成される（図5-5）。

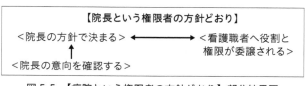

図5-5　【病院という権限者の方針どおり】部分結果図

　【院長という権限者の方針どおり】とは，院長の病院・診療所の理念や経営・診療・支援等の方針どおりに，外来・病棟の看護体制や他機関との連携が決定することである。情報提供への判断に大きな影響を与える。〈院長の意向を確認する〉から〈院長の方針で決まる〉という流れと，それと対極的な〈看護職者へ役割と権限が委譲される〉という概念の存在がある。

　うごきの最初である概念〈院長の意向を確認する〉とは，院内の通常業務以外のことに対して，看護職者が院長に報告・相談し，院長の意向を確認することである。具体的には，他機関への情報提供，家庭訪問，院外の会議への出席等である。

　　『（保健センターに連絡する時は院長に）言わないといけないですね。一応。全部知っていないといけないのです（事例1）』
　　『産婦人科医院に勤めているスタッフとして勝手には動けないので，訪問するにしたって，一言，院長に連絡をして，させていただくという許可を得てからでないと，動けないですよ（事例2）』

　次の段階〈院長の方針で決まる〉とは，院長（理事長）の方針で，産婦人科病院・診療所における親子への支援の方針等，さまざまなことが決定することである。

　　『ただそれ（保健センターとの定例会議）も，院長が動いてくれないことには，私たちだけじゃ動けないんですよ。いい（不要だ）よそれは，と言われたら終わりですからね。変なPRは医院の中ではできないので。（市の）パンフレットも置けないし。それも医師（院長）の意向。開業医だから（事例2）』
　　『私たちが意見があったとしても，やはりこの病院はその先生（院長）の病院っていうのがあるので，先生の考え方一つでもう全てが覆されるというか（事例3）』

　語りからわかるように，院長の方針は情報提供や連携を促進したり阻害したりすることになる。産婦人科病院・診療所においては“院長の許可”というハードルを越えないと次のステップに進めない，プロセスの一つである。

　3つ目の〈看護職者へ役割と権限が委譲される〉は〈院長の方針で決まる〉の対極概念で，院長が親子の支援や他機関連携に関する決定を看護職者に任せることである。

『すごく理解がある院長先生なので，お産に関しては助産師さん，みたいな感じなので，先生こうしましょうって言うと，じゃあそうしようと（事例３）』
『（市役所の子育て関係の職員）とかが見えるでしょ。そうすると「○○君」って言ってくるものね。そっちはあんた（助産師）の仕事だよと言われているのかなと思って。はっきりと言葉で言われるわけではないですけどね（事例６）』

看護職者へ委譲することも院長の方針であり，「気になる親子」の発見や他機関連携への取組みは院長の方針により状況が異なる。

第8節　日々の看護実践に活かすために（まとめ）

1．施設の特性に合わせた窓口の一本化を行う

産婦人科病院・診療所は総合病院に比べ規模が小さく，MSW 等の配置されている施設は少なく，助産師の数も少ない。そのような環境で，日勤が多く病棟・外来を管理する師長が，また関心の高い助産師が担当を担っており，その役割が固定化していた。これは産婦人科病院・診療所の特性に合わせた窓口の一本化ができているといえる。前述のように，子ども虐待の連携においては院内外の窓口を一本化することが望まれているため，【担当者が中心となり確認・判断・対応を担う】ことを継続していくことが重要である。

また，窓口の一本化は他機関との連携において，担当者と他機関の専門職者との間に「顔の見える関係」が構築しやすい。「顔の見える関係」が地域連携に及ぼす影響として，連携しやすくなる，誰に言えば解決するか役割がわかる，効率が良くなる，責任を感じる等が報告されている（森田ら，2012）。担当者が中心に「気になる親子」の対応を担うことは，窓口の一本化による他機関との「顔の見える関係」の構築により連携が促進されることが期待できる。

2．院長の理解を得られるような働きかけやシステムづくりが必要

院長の方針は施設により状況が異なり，他機関との連携は院長という権限者の方針が強く影響していた。協働に関連した仕事は多くの場合，所属機関の本来の業務とは別に担わなければならず，所属機関の理解なしには他施設・機関との長期的な協働は維持しにくいとされている（渋沢，2002）。所属機関の理解とは院長の理解のことを指すと考えられ，子ども虐待の予防という他機関との連携を伴

う本来業務とは別の仕事を担うためには，院長の理解を得ることが重要である。
窓口担当である師長，助産師が他機関との連携の実際により学んだ病院の限界の
認識や長期的な視点による危険の予測等，院長への報告の機会を作り，連携の重
要性を伝える努力が必要である。

　先駆的な取り組みを行う自治体では，地域の産科医療機関を巻き込んだ事例検
討やアセスメントツールの作成（宮崎，2013），母子保健事業でのスクリーニン
グで挙がったハイリスク妊婦を医療機関へ逆紹介を行い，保健機関と医療機関で
連携を取りながら支援するシステムづくり（塩之谷，2011），児童虐待発生予防
の観点から診療所を含めた産科医，小児科医，保健師とが協働した要支援ケース
の検討支援（松岡，2014）の報告がある。また妊娠期から社会的リスクを産科医
療機関から市町村へ情報提供し支援につなげるシステムを構築し，効果を得たと
の報告（岡本ら，2018；佐藤，2019；横溝ら，2021）も散見される。このよう
な取り組みをめざし，行政が主導で医師職能団体を巻き込み地域のシステムづく
りを行い，産婦人科病院・診療所もそれに参加できるような働きかけが必要であ
ると考えられる。

3．リスクの探索や確認に困難な環境を担当者が補完する

　産婦人科病院・診療所では，〈外来は外来，病棟は病棟のスタッフ配置〉〈外来
は点の関わり〉〈業務に追われる〉というリスクの探索や確認が困難な環境にあ
る。わが国の分娩の約半数を担うのは診療所であるが，助産師の就業割合は病院
に偏在し，診療所の助産師は圧倒的に少ない。そのような状況の中，〈外来は外
来，病棟は病棟のスタッフ配置〉は，助産業務に法律上業務独占をもつ助産師を
分娩部門に重点的に配置する等，限りある人材資源を有効に活用しようとするた
めであるかもしれない。また，近年，分娩を取り扱わない病院が年々増加し，分
娩の集約化が起きている（厚生労働省，2019）。分娩取り扱い施設では分娩が増
加し業務に追われる状況があると考えられる。

　上記の困難を克服するために現在も行われているが，病棟と外来を自由に行き
来し対応できる師長や助産師が中心となり，“気になる”と感じた親子を継続的
に観察し，他機関と連携した支援を行っていく必要がある。

　以上のように，産婦人科病院・診療所では総合病院と共通するリスク探索，リ
スクの明確化，判断，同意を得るといった基本的な「気になる親子」の発見から
情報提供ケースと確定する段階をふみながらも，施設による困難な状況を師長や

助産師が補い，窓口を一本化することで他機関との連携を強化している。また連携に係る業務は，産婦人科病院・診療所では院長の方針に左右される状況であるため，院長の認識が変革できるような院内での地道な努力や，行政によるシステムづくりが必要である。

引用文献

小林美智子（2012）．児童虐待とは．医療，66（6），243-249.

厚生労働省（2019）．第15回医療計画の見直し等に関する検討会　資料2「周産期医療・小児医療の現状と第7次医療計画における取組み状況等について」．Retrieved from: https://www.mhlw.go.jp/content/10800000/000558404.pdf（参照2022年6月5日）

栗原佳代子，杉下佳文，池田真理，山崎あけみ，古田正代，山本弘江，大塚寛子，上別府圭子（2010）．周産期のメンタルヘルスと虐待予防のための育児支援システム構築に関する研究（2）．子どもの虐待とネグレクト，12（1），69-77.

岡本陽子，和田聡子，光田信明（2018）．養育困難：虐待—周産期からの取り組みを紹介してください．How to Follow-up Q&A-2018アップデート　養育支援．周産期医学，48（9），1083-1087.

佐藤拓代（2019）．産科退院後の虐待予防—地域保健との連携．周産期と医療安全　各論【新生児】．周産期医学，49（5），775-777.

松岡幸一郎（2014）．地域で取り組む虐待への対応—大分県．周産期医学，44（1），79-84.

宮崎明子（2013）．周産期からの児童虐待予防事業の取組（医療機関と地域保健機関との連携）．母子保健情報．67，75-79.

森田達也，野末よし子，井村千鶴（2012）．地域緩和ケアにおける「顔の見える関係」とは何か？．Palliative Care Research, 7(1), 323-333.

渋沢田鶴子（2002）．対人援助における協働．精神療法，28，270-277.

塩之谷真弓（2011）．周産期医療機関と保健機関の連携による子育て支援—ハローファミリーカードを含めた愛知県における取組．月刊母子保健，621，8-9.

杉下佳文，栗原佳代子，塩野谷真由美，高宮智典，花山美奈子，山下洋，上別府圭子（2011）．医療機関に求められる保健・福祉との連携—妊娠期からの虐待1次予防を含めて—．子どもの虐待とネグレクト，13（1），32-39.

横溝珠美，二宮忠矢，片岡久美，中塚幹也（2021）．妊娠中からの子ども虐待予防：妊娠中からの気になる母子支援連絡システム（岡山モデル）の8年間の取り組み．日本公衆衛生雑誌，68（6），425-432.

■ **第6章**

研究4　産婦人科病院・診療所の看護職者が「気になる親子」の情報を提供してから他機関との連携が発展するプロセスおよび「連携」の発展過程の検討

　この章では，産婦人科病院・診療所の看護職者の「気になる親子」への気づきから情報提供ケースとして確定し，他機関との連携が発展するプロセスの後半部分の研究について述べていく。第5章と同一の研究参加者であるため，共通部分については省略する。総合病院との差異については，結果・まとめの各所に含めて示していく。

　最後に総合病院と産婦人科病院・診療所を統合した産科医療機関としての「連携」の発展過程について検討する。

第1節　研究の目的

　産婦人科病院・診療所の看護職者が「気になる親子」の情報を提供してから，他機関との連携がどのように発展してくのか，そのプロセスを明らかにする。

第2節　主なインタビュー内容

　第4章と同様である。

第3節　分析テーマ

　産婦人科病院・診療所に勤務する看護職者が，「気になる親子」の情報を提供してから，他機関との連携が発展するプロセス

第4節　分析焦点者

産婦人科病院・診療所に勤務し，「気になる親子」を支援する看護職者

第5節　分析方法

　分析方法は基本的に第3章 pp.30-31 に示す方法と同様であるが，この研究4においては研究2（総合病院）と同じ分析テーマであるが，分析焦点者および収集したデータが異なる。また，研究3とは分析テーマのみが異なる。このような分析において留意した点は，これまでも述べてきたが，生データに向かうときは分析テーマと分析焦点者の視点を徹底的に意識し，grounded-on-data の原則に沿って概念を生成した。概念の命名はデータの範囲を意識して行った。概念間の検討によりサブカテゴリー・カテゴリーの生成，結果図・ストーリーラインの生成の際には研究2の結果を念頭に，可能な場合は同じ命名を使用し，全く新しい概念・カテゴリーについてはプロセスのどこに位置づくのか，分析テーマに沿って検討した。

第6節　結　　果

1．結果の概要とストーリーライン

　分析の結果，23の概念，5つのサブカテゴリー，8つのカテゴリーが生成された。結果図を図 6-1 に示す。文中の〈　〉は概念,《　》はサブカテゴリー,【　】はカテゴリーを表す。総合病院と異なる全く新しいカテゴリーは点線の四角で囲んだ。総合病院と同名の概念・サブカテゴリー・カテゴリーは，フォントを明朝斜体とし下線をつけた。

　図を見ると，ほとんどの概念・サブカテゴリー・カテゴリーが総合病院の結果と同様であることがわかる。「気になる親子」の情報を提供してから他機関との連携が発展するプロセスは，産婦人科病院・診療所も総合病院も基本的には同様であるといえる。中心的な存在であるコアカテゴリーも【親子のなりゆきを知る】ことによって【支援に還元される経験的な学びを得る】という2つの連動したカテゴリーである。産婦人科病院・診療所においても【親子のなりゆきを知る】こ

とができなければ一方通行の悪循環に陥る。親子のなりゆきを知ることによって，さまざまな【支援に還元される経験的な学びを得る】ことができ，それが産婦人科病院・診療所の連携を進化させ，他機関とのやり取りにより【新たな段階の連携が生まれる】ことにつながっていく。【支援に還元される経験的な学びを得る】ことは，「気になる親子」の発見・判断のプロセスに還元され，長期的な視座を培うことになる。

　総合病院と異なる点は2つあり，1つ目はプロセスの始点に位置する【やり取りを交えて情報提供する】である。産婦人科病院・診療所では，ほぼ全てのケースで情報提供は電話で行われ，その後で書類を提出するという手順がふまれていた。電話でのやり取りにより，リスクの明確化や同意の得られないケースの対応等の相談が行われている。その結果，他機関への理解が深まり，退院後の支援をゆだねる相手として認識し，連携が進んでいる。連携には連携機関相互の信頼関係が重要であることがいわれており（久保，2000），電話でのやり取りは，その信頼関係の第一歩になっているのではないかと考えられる。

　2つめの相違点は，【変化の始点となるきっかけを得る】である。他機関から子ども虐待予防のための合同定例会議への出席を要請されたり，直接，産科病院・診療所へ役割期待を伝えられることにより，看護職者の産科医療施設としての役割や連携の目的等の認識強化につながっている。定例会議では顔の見える関係ができ，それが連携の発展につながっている。このような外的働きかけは非常に効果的な手段であるといえる。連携は共通の目標を達成するためのプロセスである（Abramson & Rosenthal, 1995；Germain, 1984；前田，1990）とされ，必要不可欠なものである。他機関からの定例会議への参加の呼びかけや，病院への役割期待を示されることは，連携に必要不可欠な共通の目標を看護職者が認識し，連携へのモチベーションを高め支援を進化させることにつながると考えられる。

　全体のストーリーラインは以下である。

　産婦人科病院・診療所の看護職者（以下，看護職者）が「気になる親子」の情報を提供してから他機関との連携が発展するプロセスは，看護職者が，他機関に【やり取りを交えて情報提供する】ことから始まる。そのやり取りで《他機関への理解が深まる》。一方，他機関から情報がフィードバックされ，親子の問題状況や安定状況といった【親子のなりゆきを知る】ことになる。【親子のなりゆきを知る】ことや，他機関から定例会議への出席を要請される等の【変化の始点となるきっかけを得る】こと，【やり取りを交えて情報提供する】ことで，他機関を【頼

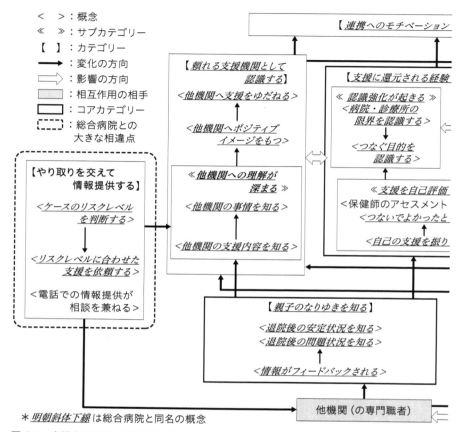

図6-1　産婦人科病院・診療所に勤務する看護職者が「気になる親子」の情報を提供してから
連携が発展するプロセス（総合病院との相違点を含む）結果図（見開き）

れる協働機関として認識】したり，【支援に還元される経験的な学びを得る】と
いう看護職者の変化を生み，【連携へのモチベーションが高まる】。そして〈母親
と保健師の橋渡し〉等の【連携が進化する】。他機関と《顔の見える関係ができ》
ることでさらに連携が発展し継続的な〈連携のシステムができる〉等の【新たな
段階の連携が生まれる】。

　他機関からの情報のフィードバックがない場合は，《親子のなりゆきがわからな
い》ため〈支援の評価や課題がわからず〉，〈他機関の支援内容もわからず〉【一方
通行の悪循環】状況となる。【一方通行の悪循環】は，「気になる親子」の発見の
プロセスに負の還元を与える。

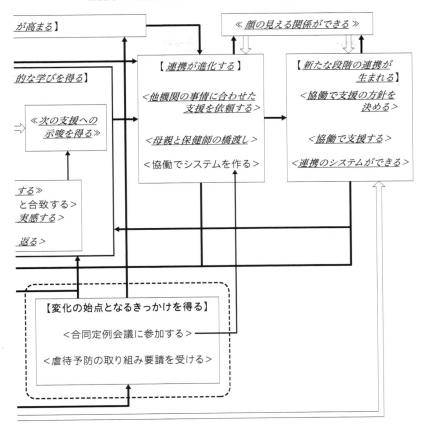

図6-1　産婦人科病院・診療所に勤務する看護職者が「気になる親子」の情報を提供してから
連携が発展するプロセス（総合病院との相違点を含む）結果図（見開き）

　以下は，総合病院の結果と異なるカテゴリーについて考察を含めた分析結果を
説明する。具体例（バリエーション）である語りは，ポイントを下げた『ゴシッ
ク文字』で示し，（　）は文脈を明確にするために研究者が補った。

　2．やり取りを交えて情報提供する
　カテゴリー【やり取りを交えて情報提供する】は，3つの概念で構成される（図
6-2）。
　【やり取りを交えて情報提供する】とは，他機関にケースの状況をやり取りを交
え情報提供し，今後の支援や手続等について相談したうえで支援を依頼すること

```
【やり取りを交えて
情報提供する】
＜ケースのリスクレベルを
判断する＞
↓
＜リスクレベルに合わせた
支援を依頼する＞
＜電話での情報提供が
相談を兼ねる＞
```

図 6-2 【やり取りを交えて
情報提供する】部分結果図

である。総合病院と異なる概念は〈電話での情報提供が相談を兼ねる〉だけであるが，このカテゴリー全体を把握するために全概念を説明する。

〈ケースのリスクレベルを判断する〉と〈リスクレベルに合わせた支援を依頼する〉はセットで語られ，この２つのうごきはほぼ同時に行われる。看護職者が情報提供ケースに対してリスクのレベルを判断し，そのレベルに合わせた支援を他機関に依頼することである。

『（母親に）精神疾患があって，だけど自身の親子関係がうまくいっていなくて，そういったことで，なるべく頻繁に市のほうから訪問してもらい，子どもがしっかり育っているかどうかっていうところを観てもらわないといけない（と思いました）（事例３）』

『保健センターに（新生児訪問依頼の）ハガキを（お母さんが）出しても，ただ赤ちゃんの体重が 2400g 台だっていう気持ちで行かれる（家庭訪問される）と，対応しきれない可能性があるので，こういうこと（不安が強い母親で何度も同じことを繰り返し聞いてくる等）があって，そういう目で観てほしいっていう気持ちで，ハガキが届いたらすぐに行って（家庭訪問して）ほしいと電話で言いました（事例４）』

〈電話での情報提供が相談を兼ねる〉とは，看護職者が他機関の専門職者に，電話で「気になる親子」の情報を提供する際，そこで情報の確認や支援の方法等を相談することである。

『保健婦さんに，精神疾患の既往のある人だから，そういう目で観てほしいと，電話で相談しました。そうすると，そういうケースは，新生児訪問で必ずその地区担当の保健師が行くので，新生児訪問（依頼）のハガキを必ず出してもらうようにしてくださいって言われました（事例１）』

『（里帰り出産した親子の退院直後の地域の支援を）保健センターに相談したことがあって，里帰りでこちらに帰ってきている間に一度こちらから（実家地区の保健センターが）訪問してくれて，その結果を今度は違う市（現住所）のほうに（情報を）送ってくれるということになりました（事例３）』

産婦人科病院・診療所において「気になる親子」の情報提供は，まず電話で行われる。やり取りを交えることができるため，事例１のようにまず保健師が観察

するという地域での支援の方向性が決定し，書面の情報提供の方法は新生児訪問
（出生通知書）依頼のハガキを用いることとなっている。電話で情報提供しても
その後，情報提供用紙やサマリーの送付等の正式な手続きを取るため，2段階の
情報提供となっている。総合病院のように，書面のみによる情報提供では記載し
た内容以上の発展はないが，電話でやり取りを交えることで，相談や支援の方法，
正式な情報提供方法の選択等に広がっていることがわかる。

　以上のように，担当者である看護職者はリスクのレベルを判断し支援を依頼す
るが，電話でのやり取りで，地域の支援が具体化し，それが他機関への理解を深
めていくことにつながる。

　3．変化の始点となるきっかけを得る
　カテゴリー【変化の始点となるきっかけを得る】は2つの概念から構成される
（図6-3）。
　【変化の始点となるきっかけを得る】とは，看護職者が子ども虐待の支援に関す
る学びや，認識の変化を起こさせるきっかけとなる外部からの働きかけを得るこ
とである。2つのきっかけを外部から受けている。
　1つ目のきっかけ〈合同定例会議に参加する〉とは，看護職者が行政の呼びか
けで始まった子ども虐待予防のための医療・保健・福祉機関の合同の定例会議に
参加することである。

　　『○○市で去年ぐらいから，保健センターの呼びかけで周産期の虐待予防のための
　　プロジェクト会議みたいなものが結成されまして，それに私も参加していたんですけ
　　れど，1年かけてアセスメントシートなんかを作りました（事例3）』
　　『市からの呼びかけから，この地域の医療機関が結構集まるようになったので，そ
　　れで少し（連携が）進み始めていますね（事例3）』

　この概念は事例3の語りからのみ生成されている。インタビュー当時の2012
年は産科医療機関と母子保健による乳幼児
の虐待予防の必要性が認識されてはいる
が，なかなか連携が進まない状況であった。
厚生労働省は行政機関と医療機関との連携
体制づくりと積極的な情報共有の推進を促
すため，2011年，2012年の2度にわたり

【変化の始点となるきっかけを得る】

＜合同定例会議に参加する＞
＜虐待予防の取り組み要請を受ける＞

図6-3　【変化の始点となる
きっかけを得る】部分結果図

通知を発令している。そのような環境のなか，虐待予防の取り組みが進んだ市では，事例3の語るような保健センターや児童相談所，福祉機関で構成される合同会議等の事業を開始していた。このような事業は今後増加されることが予想されたので，1人の語りからの概念であったが，概念として成立させた。

　2つ目のきっかけ〈虐待予防の取り組み要請を受ける〉とは，他機関から看護職者に対して，児童虐待発生予防のための取り組みの推進を呼びかけられることである。

　　『(児童相談所の方から) こういったところを医療機関でもちょっと観てほしいと。ちょっとした気づきでもいいから，地域に送って (情報提供して)，早目早目の対処をしてくださいと言われました。私たちが予防のところにいるって自覚しました (事例3)』
　　『これ (情報提供用紙) は9月からです。何かあったらこれ (情報提供用紙) にサインして送ってくださいと，(行政から言って) 来ているので。(保健センターへよく情報提供するようになったのは) 向こう (保健センター) が児童虐待予防で，すごく (病院・診療所の) 情報を求めているなというのがわかってきたからでしょうね (事例6)』

　語りから，他機関の熱心な児童虐待予防への取り組みが，看護職者にも伝わり，看護職者の認識が変化していることがわかる。

　他機関からの【変化の始点となるきっかけを得る】ことは，その後のプロセス【頼れる協働機関として認識する】【支援に還元される経験的な学びを得る】ことにつながり，また，直接【連携へのモチベーションが高まる】ことへとつながる。他機関からのダイレクトなきっかけを与えられることの重要性とその効果が明らかである。

第7節　日々の看護実践に活かすために (まとめ)

1. 他機関とやり取りのできる電話で情報提供や相談を行う

　前述しているが，「気になる親子」の情報提供や相談を電話で行うことは他機関との相互作用の始まりとなり，単なる一方的な情報提供ではなく，相互理解の深まりと支援の発展へとつながっていた。産婦人科病院・診療所においては担当者が中心となり窓口の一本化ができているため，他機関への電話もこの担当者がいつもかけることになる。同じ人が対応することで，顔の見える関係もできる。ま

た，機関相互の信頼関係の第一歩ともなり，他機関理解を促すことを考えると，産科医療機関にとって最も身近な情報提供先である保健センターと，日常的に電話での情報提供や相談を行っていく必要があると考えられる。

2．他機関からの「変化の始点となるきっかけ」を逃さない

他機関から産婦人科病院・診療所に役割期待を伝え，合同会議や協同作業を呼びかけることは，連携を発展させるために非常に有効であった。このことから，連携の発展のためには，行政から一定地域内の産科医療機関に対し，子ども虐待予防に向けたシステムづくりや継続的な情報交換の場を提案し，参加を促す等の機会を提供することの必要性が示唆された。産婦人科病院・診療所においては，このような機会に参加することも院長の方針によることになるが，外部からの働きかけと同時に看護職者側から院長へ働きかけ，機会を逃さず自施設の子ども虐待発生予防に向けた支援の向上と，連携の促進に努めていく必要がある。

第8節　産科医療機関における連携の発展過程の検討

1．産科医療機関共通の「気になる親子」への気づきから他機関との連携が発展するプロセス

ここではプロセス前半の「気づきから情報提供ケースとして確定するプロセス」と，後半の「情報提供ケースとして確定してから連携が発展するプロセス」を統合し，「『気になる親子』への気づきから他機関との連携が発展するプロセス」として，産科医療機関（総合病院・病院・診療所を統合させた全体）としての共通プロセスについて述べていきたい。

図6-4・6-5に2つの施設における「気になる親子」への気づきから他機関との連携が発展するプロセスのカテゴリーレベル（重要な概念，サブカテゴリーを含む）での結果図を示している。点線で囲んだ部分は共通点であり，それに含まれていない部分が施設により異なる部分である。共通部分のカテゴリーをみると，若干表現が異なるカテゴリー名はあるが，その意味するところはほぼ同様である。

この結果図より，産科医療機関の「気になる親子」への気づきから他機関との連携が発展する具体的な共通プロセスは，以下である。

①子ども虐待の視点をもち援助のなかでリスクを探る

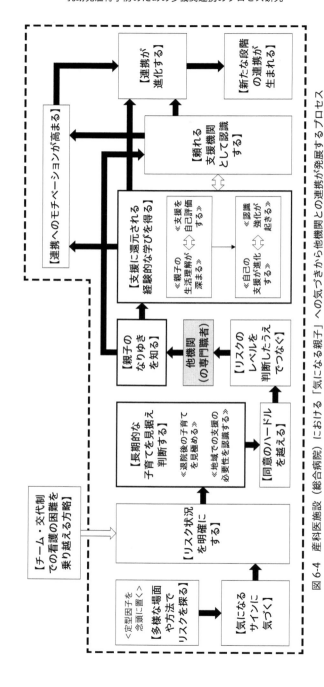

図6-4　産科医療施設（総合病院）における「気になる親子」への気づきから他機関との連携が発展するプロセス

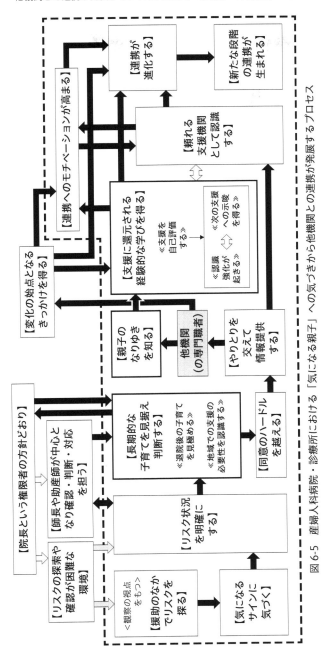

図 6-5　産婦人科病院・診療所における「気になる親子」への気づきから他機関との連携が発展するプロセス

②気になるサインに気づく

③追加情報を得てリスク状況を確認する

④長期的な子育てを見据え判断する

⑤同意を得て情報提供ケースとして確定する

⑥情報提供・支援依頼をする

⑦情報フィードバックにより親子のなりゆきを理解する

⑧支援に還元される経験的な学びを得る

⑨協働機関として他機関を認識する

⑩連携のモチベーションが高まる

⑪新たな相互補完性を発揮した連携・支援が継続する

　以上 11 のプロセスを促進させるために，産科医療機関においては子ども虐待に関する知識を得て，他機関と共通の目標をもち相互の強みを発揮しながら協働することで，その経験を自身の学びにつなげ支援を進化し続ける必要がある。

2.「連携」の発展過程の検討

　本書では連携が発展するプロセスについて，M-GTA を分析手法とし研究参加者の語りから帰納的に理論を生成し，その結果を示してきた。M-GTA の特徴を活かし産科医療機関ならではの具体的な概念やカテゴリーを生成し，実践現場において理解が進みやすいように工夫した（図 6-6）。

　ここでは研究結果を，抽象度を上げ連携の発展段階として表現し，保健医療福祉領域における「連携」の形成プロセスについて，代表的な先行研究と比較し本研究のプロセスを検討していきたい。

　図 6-6 に，産科医療機関における「気になる親子」への気づきから他機関との連携が発展するプロセスを示している。連携が発展する段階は，①「探索・発見」→②「明確化」→③「判断」→④「連絡」→⑤「相互利益・相互依存」→⑥「相互補完性の発揮」→⑦「相互性の深化」である。「相互利益・相互依存」の段階で他機関の支援に触れ看護職者に起きた経験的学びや認識の変化は，発見から判断までの前半のプロセスにプラスへの還元をもたらす。

　先行研究における保健医療福祉領域における代表的な「連携」の形成過程を，以下に紹介する。

　Germain（1984）は連携のやり方を，①打ち合わせ：多職種間のインフォーマ

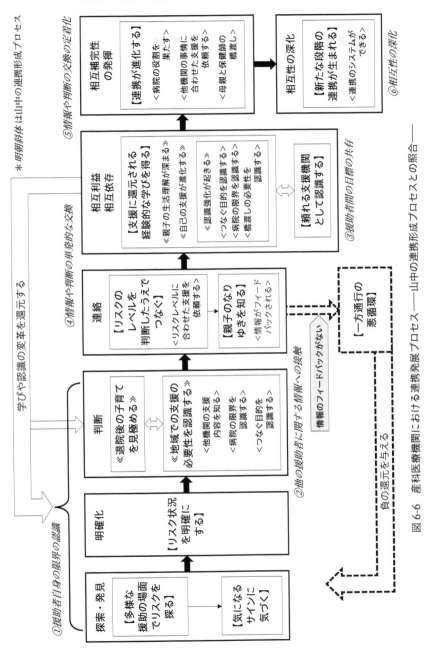

図 6-6　産科医療機関における連携発展プロセス――山中の連携形成プロセスとの照合――

ルな話し合い，②専門的助言：ある分野の専門性に基づく知識や判断を他分野の専門家に提供する，③協力：特定の問題を解決するため，多職種がお互いの活動を調整しながら共に働く，④チームワーク：共に働くことを目的に組織され，その組織化が継続的に維持されている状態，という具体的な行為や活動を含んだプロセスとしている。

前田（1990）は，連携には①連絡：異なる組織の間で情報交換とその共有化を行う必要に応じた臨時的な状態，②連携：異なった組織間で目的意識をもち，定期的な業務提携が行われる援助体制，③統合：地域内にあるすべての社会資源が必要に応じてチームに加わり，各社会資源の活動と組織が一体化される，の3つの発展的段階があるとした。

山中（2003）は，Germain と前田のプロセスを，「連携」が開始され，進展していく過程に焦点づけて，その行為・活動を分析しているが，「連絡」や「打ち合わせ」以前にそれらの行為を促す前駆条件があると指摘し，Germain と前田のプロセスに基づきながらも「連携」の形成プロセスを，①援助者自身の限界の認識，②他者の援助に関する情報への接触，③援助者間の目標の共有，④情報や判断の単発的な交換，⑤情報や判断の交換の定着化，⑥相互性の深化とした。山中は①と②を，連携を促す前駆条件としている。

吉池と栄（2009）は上記の先行研究に加え日本の主要な「連携」に関する文献をもとに，①単独で解決できない課題の確認，②課題を共有し得る他者の確認，③協力の打診，④目的の確認と目的の一致，⑤役割と責任の確認，⑥情報の共有，⑦連続的な協力関係の展開とした。

本書では本研究のプロセスを，山中（2003）の連携形成過程と比較し検討する。図 6-6 に山中の連携形成プロセス①〜⑥をその段階に該当するプロセス部分の近くに明朝斜体で示している。以下，山中の連携形成過程には「　」を，本研究の連携発展過程には『　』を用いて表す。

山中の第1段階「援助者自身の限界の認識」は，援助者が自分の援助方法，力量，経験に疑問をいだく，あるいはその限界を認識するとされている。本研究の前半である気になる親子の発見のプロセス全体，特に『判断』の段階にあたると考える。『判断』の段階には，〈病院の限界を認識する〉という概念が存在し，気になる親子のサインに気づきその援助の課題を認識したことにより，退院後の親子の支援は病院では無理だと〈病院の限界を認識する〉という状況であり，山中のこの連携の前駆条件の段階に位置づくと考えられる。

　山中の第2段階「他の援助者に関する情報への接触」は，援助要請行動に必要な他の援助者の活動や専門性に関する理解が形成されていることとされている。本研究の『判断』の段階にあたると考える。『判断』の段階には，〈他機関の支援内容を知る〉という概念が存在している。看護職者はこれまでの連携の経験により，親子に必要な支援とそれを提供できる機関に援助を要請しており，この第2段階に位置づくと考えられる。

　山中の第3段階「援助者間の目標の共有」は，専門性の異なる援助者がクライエントの目標を共有することであり，自分の援助を自分の視点からのみ捉えるのではなく，多くの援助者の関わりの中でその意味を捉え直すこととされている。本研究の『相互利益・相互依存』の段階にあたると考える。『相互利益・相互依存』の段階には，〈つなぐ目的を認識する〉という概念が存在する。第4章でも述べているが，『判断』の段階にある〈つなぐ目的を認識する〉と『相互利益・相互依存』の段階にある〈つなぐ目標を認識する〉は異なる。『相互利益・相互依存』の段階にある〈つなぐ目標を認識する〉は，他機関の支援を含めて認識された共有された長期的な連携の目的が語られており，他職種との関わりのなかで目標を捉え直している状況で，第3段階に位置づくと考えられる。

　山中の第4段階「情報や判断の単発的な交換」は，援助者間で情報や判断の交換が行われることとされ，情報や判断の交換によって効果的な援助が機能する相互利益性が生じるとされる。本研究の『連絡』と『相互利益・相互依存』の一部の段階にあたると考える。『連絡』の段階には，〈リスクのレベルに合わせた支援を依頼する〉という概念，〈情報がフィードバックされる〉という概念が存在し，産科医療機関からケースのリスクの状況とそれに合わせた支援依頼がされ，他機関から親子のなりゆきと支援内容がフィードバックされている状況である。『相互利益・相互依存』の段階は【支援に還元される経験的な学びを得る】というカテゴリーが存在し，《親子の生活理解が深まる》《自己の支援が進化する》《認識強化が起きる》といった相互利益を得ている状況といえ，第4段階に位置づくと考えられる。

　山中の第5段階「情報や判断の交換の定着化」は，他の援助者の関わりを意識しながら自分の援助を行うという意識における相互作用性を生む段階とされる。本研究では『相互補完性の発揮』の段階があたると考える。『相互補完性の発揮』の段階には，〈病院の役割を果たす〉〈他機関の事情に合わせた支援を依頼する〉〈母親と保健師の橋渡し〉といった概念が存在し，病院の強みを活かし，他機関の

支援を意識した補完的な支援が行えている状況であり，第5段階に位置づくと考えられる。

　山中の第6段階「相互性の深化」は，組織的な支援が継続的に行われ，お互いの援助活動の相互補完性，相互作用性が次第に増す段階とされる。本研究でも『相互性の深化』と同名の段階にあたると考える。『相互性の深化』の段階には，〈連携のシステムができる〉という概念が存在し，多機関の支援組織が継続的に，かつ相互補完的な支援をシステムとして継続的に行っている状況であり，第6段階に位置づくと考えられる。

　以上のように，本研究で示した連携が発展するプロセスは，先行研究における連携の形成過程に合致するものであった。『発見の段階』や『明確化』の段階が，先行研究による連携の形成プロセスに入っていないのは，連携の中心にすでにクライエントが置かれているからである。子ども虐待の発生予防においては，連携により支援を提供するクライエントを発見することが連携のスタートであるという特徴をもつからだと考える。

　「連携」の研究における課題は，連携の有用性のクライエント・援助者双方からの実証，促進・阻害要因の解明であるとの指摘がある（山中，2003；吉池ら，2009）。本研究は，『相互利益・相互補完』の段階に含まれるカテゴリー【支援に還元される経験的な学びを得る】が，それ以前のプロセスへプラスの還元をもたらし，さらにそれがその後の支援を促進させるというプロセス全体への循環のうごきが分析されたことで，連携の援助者への有用性が明らかになった。また，対極例や対極概念の存在により，カテゴリー【一方通行の悪循環】という連携が阻害されるプロセスが明らかになった。連携の促進・阻害要因についても具体的な内容を示すことができたと考える。

引用文献

Abramson, J & Rosenthal, B. (1995). Interdisciplinary and Inerorganizational Collaboration. In R. L. Edwards (Ed), *Encyclopedia of Social Work* (19th ed.). 1479-1489. Washington, DC: NASW Press.

Germain, C. (1984). Social Work Practice in Health Care. 199, New York: Free press.

久保元二（2000）．保健・医療・福祉の連携についての概念整理とその課題．右田紀久恵，小寺全世，白澤政和（編），21世紀への架け橋〜社会福祉がめざすもの〜第3巻 社会福祉援助と連携（pp. 108-123）．中央法規出版．

厚生労働省（2011）．妊娠・出産・育児期に養育を特に支援する家庭に係る保健・医療・福祉の連携体制の整備について．雇児総発0727第4号／雇児母発0727第3号（平成23年7月

27 日）．http://www. mhlw. go. jp/bunya/kodomo/pdf/dv110805-3. pdf（参照 2022
　　年 10 月 24 日）

厚生労働省（2012）．児童虐待防止のための医療機関との連携強化に関する留意事項について．
　　雇児総発 1130 第 2 号／雇児母発 1130 第 2 号（平成 23 年 11 月 30 日）．http://www.
　　mhlw. go. jp/bunya/kodomo/pdf/dv121203-1. pdf（参照 2022 年 10 月 24 日）

前田信雄（1990）．保健医療福祉の統合．13，勁草書房．

山中京子（2003）．医療・保健・福祉領域における「連携」概念の検討と再構成．社会問題研
　　究．53（1），1-22.

吉池毅志, 栄セツコ（2009）．保健医療福祉領域のおける「連携」の基本概念整理―精神保健福
　　祉実践における「連携」に着目して．桃山学院大学総合研究所紀要．34（3），109-122.

■ 第7章

理論を活用した教育プログラムの開発・実施と参加者の反応
――理論の実践的応用――

　４つの研究を終え，次に生成した理論から教育プログラムを開発し，産科医療機関の最前線で働く助産師・看護師を対象とした研修会を開催し，その研修の有用性を検証することを計画した。理論の実践的応用である。

　この教育プログラムの特徴は，対象を産科医療機関の看護職者に特化しているところである。産科医療機関においては，子ども虐待が発生している状況ではないため，虐待の発見や対応といった従来の研修内容は適していないと考える。予防という観点を取り入れ，他機関の役割や支援内容，産科医療機関の役割や連携の実際，退院後の親子の生活等を理解できる教育プログラムを開発する必要性を感じ，研究を進めていった。

第1節　教育プログラムの開発

　1．大目標の設定
　第6章で4つの研究結果を統合し，共通プロセスとして「産科医療機関における「気になる親子」への気づきから他機関との連携が発展するプロセス」を以下の①～⑪の11点に整理した。このプロセスに対応させ，教育プログラムの大目標3点を以下のように設定した。

　①子ども虐待の視点をもち援助のなかでリスクを探る
　②気になるサインに気づく
　③追加情報を得てリスク状況を確認する
　　プロセス①②③へ対応する大目標
　→1．子ども虐待の基礎的な知識を得て「気になる親子」発見のための視点を育成する

④長期的な子育てを見据え判断する
⑤同意を得て情報提供ケースとして確定する
⑥情報提供・支援依頼する
⑦情報フィードバックにより親子のなりゆきを理解する
⑧支援に還元される経験的な学びを得る
　　プロセス④⑦⑧へ対応する大目標
　→ 2．退院後の親子の生活理解を深め，子育てを見据える長期的視座を育成する
⑨協働機関として他機関を認識する
⑩連携のモチベーションが高まる
⑪新たな相互補完性を発揮した連携・支援を継続する
　　プロセス⑨⑩⑪に対応する大目標
　→ 3．連携に関する認識と他機関理解の深まりによる相互補完性の認識を強化する

　この大目標を達成するための教育内容の柱を立案し，それに沿って小目標，具体的な教育内容を挙げ，教育プログラム全体の目的・目標，教育内容を明確にした。そして 2 日という期間を設定し教育プログラムの時間配分を行い，研修としての教育プログラムを完成させた。

2．教育プログラムの全体像

2-1　目的
日頃から妊娠・分娩・産褥期の母親と関わる助産師・看護師が「気になる親子」に気づき，保健・福祉機関と連携をとり支援するための基礎知識を学び，子ども虐待発生予防に向けた力を育む。

2-2　大目標（再掲）
①子ども虐待の基礎的な知識を得て「気になる親子」発見のための視点を育成する。
②退院後の親子の生活理解を深め，子育てを見据える長期的視座を育成する。
③連携に関する認識と他機関理解の深まりによる相互補完性の認識を強化する。

2-3　教育内容の柱
①子ども虐待発生予防・支援の目的の理解，産科医療機関における「気になる親子」の発見から連携が発展するプロセス

②子ども虐待の基礎知識

③事例から学ぶ「気になる親子」の退院後の生活や支援内容

④他機関の役割や支援内容

⑤親・家族への同意の得かたと他機関と連携するための個人情報保護・守秘義務に関する知識

⑥事例から学ぶ産科医療機関と他機関の連携，望まれる役割

⑦産科医療機関における子ども虐待発生予防に向けた課題と対策

第2節　教育プログラムの実施

1．「妊娠期からの子ども虐待発生予防研修」の内容

上記で示した教育プログラムを2日間の研修に落とし込み，以下の表7-1のタイムスケジュールとした。2日目はグループワークの時間を多くとるようにした。

講師は助産師である筆者と，子ども虐待死亡事例検証の専門委員を務めた経験のある保健師，児童福祉の専門家の3名で務めた。

2．開催時期，回数，応募方法，調査方法等

2018年，2019年に産科医療機関の看護職者を対象とし，2日間の「妊娠・出

表7-1　妊娠・出産期からの子ども虐待発生予防研修　タイムスケジュール

	時間	内容	講師
1日目	午前1（90分）	子ども虐待の現状と支援の変遷 子ども虐待の影響→支援の目的へ	助産師
	午前2（60分）	産科医療機関における虐待予防活動の実際 気になる親子への気づきから連携が発展するプロセス　等	助産師
	午後1（50分）	各施設の情報交換（グループワーク）	各自
	午後2（60分）	子ども虐待の基礎知識と保健機関の役割	保健師
	午後3（60分）	事例から学ぶ保健機関との連携	保健師
2日目	午前1（90分）	福祉機関の役割・具体的な支援内容	福祉職
	午前2（60分）	事例から学ぶ保健・福祉機関との連携（解説）	福祉職
	午後1 （180分）	事例から学ぶ保健・福祉機関との連携 産科医療機関の助産師・看護師に期待すること グループワーク＆発表	各講師

産期からの子ども虐待発生予防研修」を計4回実施した。東北・関東・中国・四国・九州の日本産婦人科医会に登録する分娩取り扱い全2177施設に研修募集を郵送で行った。1回の研修はグループワークの関係上，定員を50名とし，定員を超える場合は10名の超過を限度とし受け入れた。

　研修前後に無記名の自記式質問紙調査を行った（研修会場で配布・回収）。

3．倫理的配慮

　本研修および実施前後の質問紙調査は，研究実施時所属していた施設の倫理委員会の承認を得て実施した（承認番号：NCGM-G-002226-01）。

　対象者の研修・調査への参加は，研修応募前に自由意思に基づいて決定された。研究の目的，概要，倫理的配慮等を文書で説明し，対象者に意思決定していただいた。受講決定後に研究を途中辞退しても研修の受講は継続して行え，不利益を受けないことを説明した。

第3節　研修の実施状況と参加者の反応

1．調査票の回収率

　2年間に4回実施した研修の参加者は203名であった。調査票の有効回答数は198票で，有効回答率は97.5%であった。

　本書では対象者の背景の他，自由記述で収集した質的データの分析結果を紹介する。

2．研修者の背景

　研修参加者の背景を表7-2に示す。職種は助産師が173名88.3%であり，助産師がほとんどを占めていた。何らかの役職のある方が約3割であった。産科の経験年数は平均13.8年と，ベテランの助産師・看護師が参加していた。所属施設の別は，総合病院139名70.2%，産婦人科病院・診療所59名29.8%であった。院内に子ども虐待防止チームがある人が約4割であり，子ども虐待に関する研修や勉強会に参会したことのある人が半数であった。

表 7-2　研修参加者の背景

人（%）

職種 n=196	助産師 173(88.3%)	看護師 23(11.7%)		
役職 n=194	なし 137(69.2)	主任 22(11.1)	副師長 6(3.0)	師長 19(9.6)
産科経験年数 n=178	最小 1 ～ 38 年	平均 13.8 年		
所属施設 n=198	総合病院 139(70.2)	産婦人科病院・ 診療所 59 (29.8)		
院内子ども虐待防止チームの有無 n=195	ある 77(38.9)	ない 118(59.6)		
子ども虐待研修等の参加の有無 n=194	ある 100(50.5)	ない 94(47.5)		

3．産科医療施設における子ども虐待発生予防に向けた課題——研修前調査の結果——

研修前調査において，各施設における子ども虐待発生予防に向けた課題を質問し，自由記述での回答を得た。60 名の参加者から回答が得られた。

3-1　データの分析方法

プロセス性のあるデータではないが，M-GTA の分析方法を参考に以下の手順で帰納的に分析を行った。

①「産科医療施設における子ども虐待発生予防に向けた課題」という分析テーマと,「産科医療施設において気になる親子を支援する看護職者」という分析焦点者を設定し，この視点に沿って分析を行った。

②分析には分析ワークシートを使用し，課題名，定義，具体例（データ），理論的メモ欄を記入した。

③データを熟読し，課題として示されているデータを文中から取り出し，具体例欄に記入しその意味を解釈し，その際の思考を理論的メモに記載した。定義を設定し，定義を短い言葉で表した課題名をつけた。

④課題名や定義は，追加される具体例を的確に表現できるように見直し修正し

た。

⑤ 1 つの回答に複数の課題が記載されている場合は，複数の課題として生成した。そのため 60 人の回答から 91 の具体例が抽出された。

3-2　分析結果

分析結果を表 7-3 に示す。分析の結果，23 の課題が生成された。そのうち単独のデータで支持された課題が 8 つあり，その他としてまとめた。データ数の多いものから順に課題番号を振った。

以下，課題名には「　」をつけて説明する。

データ数の多い課題の上位 5 つを，研修参加者の記述とともに紹介する。記述データはポイントを落とした『ゴシック文字』で示した。

課題 1 「短期間での情報収集・リスクの見極め・支援」とは，看護職者が，短期間の関わりで情報収集やリスクの見極め，支援を十分行うことが困難であると感じていることである。

『短時間しか接するチャンスがない中で，いかに本質を見極められるかが難しい』
『特定妊婦，要支援妊婦との関わりは長くても 1 週間のため，信頼関係が作れず，またその短い期間で育児支援を全て行うことの難しさがある』

課題 2 「スタッフの技量の違い」とは，スタッフの子ども虐待に関する関心や，経験年数，看護観，能力等により，気になる親子の発見や対応が異なることである。

『スタッフの経験年数や看護観によって，支援を必要とする親子を抽出できないことがある』
『担当する助産師の技量や見極める力によって，そのような親子を早期に発見し介入するのが遅れてしまうこと』

課題 3 「院内の連携」とは，看護職者が，外来と病棟，産科と NICU 等，院内の連携が不足・困難と感じていることである。

『NICU や GCU に入院になる児については，N・G との連携が不可欠であると思うが，そこがなかなかうまくいかない』
『気になる親子がいた場合，助産師ばかりにケアが集中する傾向になる。医師（産

表 7-3　参加者施設における子ども虐待発生予防に向けた課題

全 91 データ

番号	課題	定義	データ数
1	短期間での情報収集・リスクの見極め・支援	看護職者が，短期間の関わりで情報収集やリスクの見極め，支援を十分行うことが困難であると感じていること	10
2	スタッフの技量の違い	スタッフの子ども虐待に関する関心や，経験年数，看護観，能力等により，気になる親子の発見や対応が異なること	9
3	院内の連携	看護職者が，外来と病棟，産科と NICU 等，院内の連携が不足・困難と感じること	8
4	継続的な情報収集・支援	看護職者がさまざまな理由により，継続した情報収集や支援が困難だと考えていること（理由：個人の認識，チーム・交代制勤務体制，外来・病棟のスタッフが異なる等）	7
5	スタッフ・組織の知識・認識強化	看護職者が，スタッフや施設全体での子ども虐待への知識・認識強化が必要だと感じていること	6
6	スタッフ間の情報共有	チーム・交代制勤務や外来から病棟への情報の引継ぎ等，スタッフが情報を共有することは困難であると感じていること	5
7	他機関との関係構築	看護職者が，連携のために他機関と関係性を構築することが課題であると感じること	5
8	親子のなりゆきがわからない	他機関からの情報のフィードバックがないことで，退院後の「気になる親子」の生活の状況や経過がわからないこと	5
9	要支援親子への対応方法	看護職者が要支援親子への対応方法に困難を感じること	5
10	情報のフィードバックがない（遅い）	「気になる親子」の情報を提供しても，他機関から情報のフィードバックがない（遅い）こと	4
11	他機関との連携	看護職者が漠然と他機関との連携が課題だと考えていること	4
12	病院と他機関のリスクの見極めの差	看護職者が，病院で見極めたリスクと他機関のリスクの見極めに差を感じること	4
13	施設のシステム	その産科医療施設において親子の情報収集困難や関わりの困難を生じるシステムがあること（例：医師の妊婦健診への看護職者の介入少なさ，産後1か月健診までフォローがない等）	4
14	自己の支援の評価ができない	看護職者が，他機関からの情報のフィードバックがないことが理由で自己の支援の評価ができないこと	3
15	支援が困難な親への対応	リスクの自覚がない，支援を拒否する，支援機関への否定的感情をもつなどの親に対して，看護職者が親への支援や他機関との連携対応することに困難を感じること	2
16	その他	課題 ①フィードバック情報を共有できない　②同意拒否ケースへの対策 ③他機関の支援内容がわからない　④マニュアルの整備 ⑤連携業務に時間がとられる　⑥対応スタッフ不足 ⑦ケースの多さによる対応の滞り　⑧更なる取組みの充実	10

　：研究 1 〜 4 で生成された理論と対応する課題

科・小児科）やソーシャルワーカーなど多職種の役割を生かして支援する必要がある
ところに課題があると思う』

　課題4「継続的な情報収集・支援」とは，看護職者がさまざまな理由により，
継続した情報収集や支援が困難だと考えていることである。理由の例は，個人の
認識，チーム・交代制勤務体制，外来・病棟のスタッフが異なる等である。

　　『医療機関では，妊婦指導や短い入院期間，かつ毎回必ずしも同じスタッフが関わ
　れるとは限らない状況で，情報収集し，信頼関係を築き難しさがある』
　　『外来・病棟（分娩）・産褥または妊婦入院病棟のスタッフがそれぞれ異なるため継
　続したケアの提供・情報共有が難しく感じる』

　課題5「スタッフ・組織の知識・認識強化」とは，看護職者が，スタッフや施
設全体での子ども虐待への知識・認識強化が必要だと感じていることである。

　　『総合周産期センターとして，妊産婦と関わっていくうえで，スタッフ全員が虐待
　発生予防のための知識，視点をもったうえで関わっていく必要がある』
　　『「産んだら終わり」ではなく，親との関係を作っていき，困った時はいつでも頼れ
　るという風土を作っていくことが今後の施設には大事なことだと考えます。施設側の
　意識改革，助産師の役割を広げていく意識，必要だと思います』

　上記の課題をみると，妊婦健診での関わりの短さ，産後の入院期間の短さとい
う産科医療機関の特徴が，親子のリスクの発見や見極め，支援に大きく影響して
いることがわかる。

3-3　分析結果と理論との対応

　表7-3の四角で囲んだ課題は，これまでの研究で生成された理論に対応した課
題である。理論に対応した課題が11挙がっていることは，理論が臨床に適合し
ていると評価できるのではないだろうか。理論は課題を乗り越え連携が発展する
プロセスであるが，参加者の所属施設では乗り越えられない課題が存在している
状況である。以下に，課題と対応した概念やカテゴリーについて説明する。

　課題1「短期間での情報収集・リスクの見極め・支援」は，研究1〜4すべて
に存在する〈病院の限界を認識する〉に対応している。課題1は記述が最も多く，
参加者の施設の大きな課題である。理論においても，病院の短期間の関わりの困
難が述べられている。病院の限界を認識するためには，親子の退院後の生活状況

を知ること，他機関の支援の内容を知ることが必要であり，そのためには他機関からの情報のフィードバックが重要である。また，その困難を連携の動機にし，自施設だけで対応しようとせず他機関との連携を進めることが必要であるといえる。

　課題2，4，6は，研究1で示したカテゴリー【チーム・交代制での看護の困難を乗り越える方略】内の概念に対応している。課題2「スタッフの技量の違い」は〈一人ひとりの気づきの違いを認識する〉に，課題4「継続的な情報収集・支援」は〈情報を伝えるための工夫〉に，課題6「スタッフ間の情報共有」は《チームで情報を共有する》に対応する。これらの課題はチーム・交代制での看護の困難であると考えられ，理論で示す方略が課題の対策となる。「スタッフの技量の違い」という課題は〈一人ひとりの気づきの違いを認識〉したうえで〈複数の目で観る〉という方略で，「継続的な情報収集・支援」ができないという課題は〈情報を伝えるための工夫〉をすることで，「スタッフ間の情報共有」ができないことは，これまでの方略に加え職場内での相談しやすい環境を作ることで乗り越えられると考えられる。課題2，4，6は施設における課題の上位に位置し，産科医療施設においては多くの施設が感じている課題だといえる。

　課題5「スタッフ・組織の知識・認識強化」は，研究2・4のカテゴリー【支援に還元される経験的な学びを得る】内のサブカテゴリー《認識強化が起きる》に対応する。これは親子の退院後の生活を理解し，支援を自己評価することからつながっている。他機関との相互のやりとりを活発にし，親子の退院後の状況をもとに，自己評価を重ねていくことが必要である。

　課題8，10，14は，研究2・4で示した対極カテゴリー【一方通行の悪循環】内の概念に対応している。課題8「親子のなりゆきがわからない」は《親子のなりゆきがわからない》に，課題10「情報のフィードバックがない」は〈情報がフィードバックされない〉に，課題14「自己の支援の評価ができない」は〈支援の評価や課題がわからない〉に対応している。一方通行の悪循環は他機関から情報がフィードバックされないことから始まり連携の発展を阻害していたが，本調査結果からもその流れが確認された。研究2・4および本研究の結果から，この課題が産科医療施設において連携を阻害する大きな課題であることがわかった。施設内だけで解決する課題ではないため，他機関へ継続的に情報のフィードバックを依頼することや，他機関との関係性を構築し情報のフィードバックは支援に還元される学びを得るために必要であることを伝えていく必要がある。

　課題 13「施設のシステム」は，研究 3 のカテゴリー【リスクの探索や確認が困難な環境】に対応している。カテゴリー内の概念〈外来は外来，病棟は病棟のスタッフ配置〉〈外来は点の関わり〉と同様の内容が，課題として記載されていた。理論では，この課題に対し役割を集中し窓口を一本化することで困難を乗り越えていた。このような対策を講じることも検討する必要がある。

　課題 16-①「フィードバック情報が共有できない」は師長で情報が留まり看護チームで情報共有できないことであり，研究 1 で示したカテゴリー【支援に還元される経験的な学びを得る】に影響を与えるサブカテゴリー《フィードバック情報を共有する》に対応している。看護職者間で《フィードバック情報を共有する》ことは，看護職者一人ひとりが親子のなりゆきを知り，支援を自己評価し，支援に還元される経験的な学びを得ることにつながる。逆に「フィードバック情報が共有されない」と，他機関から情報がフィードバックされていないことと同様の状況になってしまい，一方通行の悪循環の状態となり連携が発展しない。他機関からの情報が連携の窓口担当者（師長等）で留まらず，看護職チーム全員で共有できることが重要である。

　課題 16-③「他機関の支援内容がわからない」は，研究 1 ～ 4 の他機関理解に関するカテゴリー内にある〈他機関の支援内容を知る〉に対応している。〈他機関の支援内容を知る〉ことは，連携の目的を認識したり，他機関へ支援をゆだねることや病院の限界を認識することを促進する。「他機関の支援内容がわからない」という課題は，これらの看護職者の変化が起きないことになるため，他機関との関係性を構築し，相互の関わりを進めていく必要がある。その「他機関との関係性の構築」も課題 7 として挙がっており，産科医療機関と保健機関をはじめとする他機関は，相互が話しやすい顔の見える関係づくりを早急に始めることが必要である。

　以上に述べた産科医療施設における課題をもった看護職者が，2 日間の研修に参加した。

4．研修の実施状況

　研修参加者には受付時にグループワークのためのアルファベットをお知らせし，グループ指定の席に着席していただいた。初日の午後に初回のグループワークを設定し，自己紹介と各施設の情報交換を行った。それにより研修参加者同士の交流が図れ，打ち解けた雰囲気で 2 日目のグループワークの意見交換が活発に

写真 7-1　研修の様子

行えた（写真 7-1）。

5．研修前の課題に対する捉え方の変化——研修後調査の結果——

　研修前調査の結果により，参加者は 23 の課題を抱えていたことがわかった。研修によりその課題に対する捉え方の変化があったかを，研修後調査で質問している。実際に記述された文章は，研修前調査の課題に対応したものではないものも多く，感想や学びを混在していた。帰納的に分析することが困難であるため，研修前の課題に対応した記述を選び，紹介するかたちとしたい。

　『産科医療機関による関わりは，短期間であり限界が多いと思っていたが，ここでの関わりが今後の親子に大きな意味をもつことを確認できた』

　『日々感じる違和感を，保健センターへもっとつないで，悩みをかかえる母親や子どもたちを，関わるみんなでフォローしていけたら（子ども虐待の）件数の減少につながっていくのではないかと思いました』

　『産科医療機関での限界があるため，「気になる親子」に対しては地域や他機関と連携し，長期的な関わりが大切だと思いました』

　『産科で働くなかで，出来ることをする。（子ども虐待の）目を養う。そして，地域へつなげ，お母さん自身が地域のなかで生活していける体制を整える』

　『まだまだ難しいことが多くありますが，積極的に保健センター等へ連携をとっていくべきだと思った』

　『どのようにしたら「気になる親子」，虐待する親をアセスメントして，抽出していけるのかわからなかったが，長い目で子育てを捉えていくこと，病院でみせる母親と

家庭でみせる母親の姿は違うことを頭において，日々業務したいと考えさせられた』

　『助産師外来で保健指導した妊婦で気になる方は，保健センターへ連絡票を書いているが，その後は，管理職が保健師と連携をし，その方がどのような経過をたどり，どのような支援を受けているか知ることができず，気になる妊婦を見つける視点が養われなかったり，モチベーションの向上にならずにいたと思います。早速，部署で共有できるように働きかけてみたいと思います』

　『他職種の業務内容がわからなかったので，どのように相談したらよいかわからなかったが，今回確認でき，これからの事例に役立てたいと思いました』

　上記の語りから，短期間での関わりという産科医療施設の特徴は，子ども虐待の視点をもち援助のなかで情報収集やリスクの見極めが行えること，また，病院だけで支援するのではなく，他機関へつなぎ長期的な支援を行うことが重要であるという捉え方に変化している。他機関との関係性の構築を実施していく意気込みも語られている。フィードバック情報を共有できていなかった参加者からは，フィードバック情報を共有することの効果や，看護チームで共有する行動を起こすことが示されている。また，他機関の支援内容が理解できたことで，相談の窓口がわかり今後に役立てることが述べられている。

　以上のように，研修前に挙げられていた課題は研修によって，それを解決するための方法や方向性がわかり，自施設に戻って課題克服のための行動を起こしていくという捉え方に変化していた。研修の効果であると考える。

6．研修後の参加者の感想

最後に参加者の研修後の感想を紹介する。

　『普段，そしてこの 10 数年，気にかけ悩み，手探りで行ってきたことが，間違いではなかったと思えたこと，虐待を予防したい，防ぎたいと思い働いている仲間が沢山いることを知ることができたこと，その方法，考え方などを再確認できたことは，とてもよい学びとなりました』

　『産科クリニック勤務で，ハイリスク事例を扱うことが少ないのですが，現状を知り，胸が痛くなりました。気になる母子，家族には，躊躇せずアプローチできるように。また，他機関との連携の大切さもよくわかりました。助産師にできること，助産師にしかできないこと……。また，ひとつみつけた気がして，嬉しいです』

　『入院中の母親の姿は仮であり，退院後の生活環境や支援体制等，その人の具体的な生活をイメージして指導していくことが重要だとわかった』

　『今まで虐待に関する研修を受けたことがあるが，実際に私たち助産師に何ができ

るのか，できたのかという視点で事例検討を行う機会はなかったので，とても有意義でした。他院の助産師，看護師の意見も聞けて多くの学びとなりました』

『病院に帰ってから，やるべきことがたくさんみえた。虐待をした母にならぬように，妊娠期から小児科まで長く見続けられる支援を構築します』

『福祉側からの視点はこれまで（の研修で）あまりなかったので，新しい視点をもつことができたと思う。虐待を疑うのではなく，この親子が支援を必要とするかどうかという関わり方が重要と知り，少し肩の荷が降りた』

　研修参加者のみなさまからは肯定的なご意見をいただけ，研修の手応えを感じた。この感想にもあるように，他施設の助産師・看護師との情報交換ができたことや，事例検討による意見交換等により学びがさらに深まったと考える。研修の目的は達成されたことが，確認できた。

第4節　研修の限界と今後の課題

　2年間の研修で203人の参加者を得たが，全国の産科医療機関の看護職者の極々一部の方が参加したに過ぎない。大学勤務の傍ら，研修の応募作業を行い，講師の日程調整を行い，会場を押さえ，資料の印刷等の準備を整えるというのはなかなか大変であり，年2回の研修を開催するのが精一杯の状況であった。このように，研修会では参加者が限定的であり，知識の普及には限界がある。今後は，開発した子ども虐待発生予防教育プログラムをもとに産科看護者向けの学習教材を作成し，ICTを活用し知識の普及を戦略的に行うとともに，教材の有用性を検証していきたいと考えている。

第 8 章

本研究を通じた M-GTA の分析解説

　この章では，本研究の分析過程を示しながら M-GTA の分析についての解説を行う。学術論文は文字数の制限があり分析の結果がコンパクトに示されているのみで，分析の過程がみえる分析ワークシートの例示はほとんど見受けられない。そのため M-GTA 分析の最小単位である概念の生成の方法の具体的な部分，例えば一つ目の具体例（バリエーション）を記入するところから概念生成は始まるが，それをどのように解釈するのか，定義をどのように設定するのか，定義からどのように概念名をネーミングするのか，理論的メモは何を記述しどのように活用するのか等々を，実際的に理解することが困難であると考える。

　木下の著書には分析ワークシートの例（2003, pp.200-201）や木下自らの分析例を示し（2007，2 部），概念生成の思考，理論的メモについても解説されている。しかし，1 冊の本を十分読みこなし分析を進めていくことは困難なのだろうと推察する。M-GTA 研究会の定例研究会においてスーパーバイザーとして発表者の分析のサポートを行った経験から，分析テーマや分析焦点者の設定，概念生成の難しさを発表者の方々が発言されるのを聞き，スーパーバイズを受けず書籍を読むだけで分析を行うことの困難さを感じている。

　筆者自身も本研究で M-GTA の分析を初めて体験したが，M-GTA 研究会において構想発表，中間発表の 2 回の発表の機会を得，スーパーバイズを受け，また発表会場においてフロアの方々からの質問やご意見で多くの学びを得た。そのおかげで自身の分析の誤りに気づき，一から分析をやり直し，なんとか研究を成し遂げることができた。筆者自身も分析に躓いたことのある経験もふまえて，本研究の分析過程を振り返り解説する。この試みが，これから M-GTA を用いて分析に取り組もうとされる方の一助となれば幸いである。

第1節　分析テーマの設定

　分析テーマの設定の大前提はこの分析で何を明らかにしたいのか，分析の目的を明確にすることである。分析の前にある程度明確化しておかなければ，分析が迷走することになる。

1．「……のプロセス」を用いる重要性
　研究1・2の分析テーマは，1回修正している。修正前後の分析テーマを以下に示す。

修正前：産科医療施設に勤務する看護職者（看護師・助産師）は，どのように「気になる親子」気づき，それを判断し，どのようにして他健機関等に連絡しているのだろうか

修正後：産科医療施設（総合病院）に勤務する看護職者が，親子に対して「気になる」と感じ，他機関に情報提供するケースとして確定するプロセス／情報提供してから他機関との連携が発展するプロセス（2つのテーマ）

　修正前後の分析テーマを見てわかるように，修正前は「……のプロセス」としていなかった。「どのように……？」，と具体的な疑問形で表現することでプロセスを把握できると考えていたのだと思う。しかし，それでは気づく場面，判断する場面，連絡する場面の限定された構造は見えても，全体のプロセスが見えてこない。ある程度オープンな分析テーマでなければ，研究者が想定していない分析結果が得られたとき，プロセスのどこに位置づくのかとらえられず，見逃す可能性もある。研究者自身が知り得ないプロセスを分析焦点者の視点で描き出せれば，新たな発見となる。それを可能にするためにも，分析テーマは「……のプロセス」という表現にすることが必要である。

2．分析テーマの最終確定はデータ分析開始後に
　分析テーマの終点を明確に設定することは非常に難しい。筆者は研究2において仮テーマで分析を行い，分析という作業をはさみ最終的な分析テーマを決定した経験をもつ。研究2の分析テーマを例に，分析をはさんだ分析テーマの最終決

定の過程を説明する。研究 2 の仮の分析テーマと最終版分析テーマを以下に示す。

　　仮テーマ：産科医療施設に勤務する看護職者が，「気になる親子」を情報提供
　　　ケースと確定してから，他機関との連携に至るプロセス
　　最終テーマ：産科医療施設に勤務する看護職者が，「気になる親子」を情報提供
　　　ケースと確定してから，他機関との連携が発展するプロセス

　　分析テーマの設定が困難だった理由は，筆者自身が保健機関をはじめとする他
機関との連携の経験が少なく，連携がどのような形になれば終点となるのかイ
メージできていなかったことが大きな要因だと考える。
　　木下（2007，pp.149-150）は「分析テーマの設定はデータ分析を始める中で
行っていく。自分が思っているほど自分の考えは明確ではないからで，それを明
確にするにはデータ分析という作業をはさむのが効果的なのです。分析テーマは
データの収集前にも検討しますが，最終的には分析対象とするデータの内容を全
体的に見た上で確定します」と述べている。
　　インタビューを受けてくれた研究参加者の方々は他機関との連携の経験が豊富
で，病院のなかで合同カンファレンスを行い支援方針を決定したり，地域のボラ
ンティアも巻き込み支援の役割分担を決めたうえで，親子が退院を迎えられるよ
うにしたりと，筆者がイメージしていた連携を超え，他機関と協働した支援を行
っていた。またその連携が一時的でない定期的な会議等へも発展していた。この
ような分析結果から，本研究においては分析のテーマの終点を，「他機関との連携
が発展するプロセス」と決定した。
　　以上のように分析テーマの終点部分の表現が定まらない場合は，得られたデー
タをよく読み，分析を開始しプロセスの全体をつかんだうえで最終決定すればよ
いと考える。

3．分析するデータの範囲を考え分析テーマを決定する

　　分析するデータの範囲は，現象特性や誰と誰の相互作用かを十分検討し，決定
することが必要である。本研究では分析当初は研究 1 と 2 の分析を，上記した最
初の分析テーマで行った。研究 1 は病院内における母親・家族と看護職者との相
互作用，看護職者同士の相互作用が中心で，親子と出会い「気になる」と感じ情
報提供ケースと確定する現象である。その現象と研究 2 の看護職者と他機関の専

門職者との相互作用中心の連携が発展する現象を，いっぺんに分析しようとしていたことになる。すなわち，現象特性の異なるものをいっぺんに分析しようとしていたのだ。その結果，明らかにしたいプロセスが描き出せなかった。分析が大雑把になってしまい，細かなうごきが明確にできなかったのだ。

分析テーマは適切な範囲に限定しテーマを絞ることで，明らかにしたいことが明確化し，それに応じた理論が生成でき実践的に応用することが可能となる。そのためには相互作用が行われる人々と現象特性を参考にし，分析テーマの範囲を決定することが必要である。

第2節　分析焦点者の設定

データ分析は分析テーマに沿って，分析焦点者の視点で行われる。すなわち，分析焦点者の視点でデータを解釈する。それを考えると分析焦点者の設定は，非常に重要である。データ分析中，常に分析焦点者になりきってデータを取り組むことになる。

研究1・2の分析焦点者は1回修正している。修正前後の焦点者を以下に示す。

修正前：総合病院産科（産婦人科）病棟に勤務する「気になる親子」を保健機関等へ連携した経験をもつ，産科経験年数3年以上の看護職者

修正後：産科医療施設（総合病院）に勤務し，「気になる親子」を支援する看護職者

修正前は研究計画上の研究参加者の条件とほぼ同じであった。木下（2020, p.90）は，分析焦点者は分析結果の一般化可能な範囲を規定するものであり，研究計画時点で，協力者確保の過程で設定された条件は，特別な理由がない限り含めないこととする，とされている。分析の結果，生成した理論は保健機関等へ連携した経験をもつ参加経験年数3年以上の看護職者ではなく，産科医療機関において働いているすべての看護職者である。それがこの理論の一般化可能な範囲であると考えた。そのため，看護職者の条件を外したシンプルな分析焦点者へと修正した。

常に分析焦点者の視点でデータを解釈することは難しく，ついつい第三者的な概念を生成してしまうという失敗を体験したことがある。これを避けるために，

「このデータは分析テーマのプロセスにおいて，分析焦点者にとってはどのような意味があるだろうか」と問い，概念生成の定義の主語に「(分析焦点者)は・が，」と分析焦点者を置いてみても，定義の意味が通じるかを確認していた。このような工夫をすることで，第三者的な概念生成になることを防げると考える。

第 3 節　概念生成（分析ワークシートの活用方法）

1．概念生成は基本に忠実に行う

　概念生成は以下の流れで行う。①バリエーションをワークシートに記載し「解釈」し，理論的メモを記載する。→ ②定義を設定する。→ ③概念名を設定する。→ ④定義に照らしてデータ内を比較し具体例や対極例を探す→ ⑤次の具体例を記載する。→ ⑥追加された具体例を的確に表現できるように定義を見直す。必要時，概念名も見直す。①～⑥を繰り返す。

　概念生成における定義の重要性を，木下（2020, p.128）は以下のように述べている。「概念名・定義・具体例の三者関係において，最も重要なのは定義である。三者の関係確立のため，つまり，分析が成り立つためには概念生成における定義が不可欠で，これ抜きには最終目的の理論（説明モデル）の生成を達成できないし，不十分であれば結果も不十分になり，有効な実践的活用も期待できなくなる。解釈内容は定義によって担保されるのであって，概念名によってではない」

　たった 1 つの具体例を入れた瞬間から概念生成が始まり，継続比較分析を繰り返す。その 1 つの具体例だけで解釈を行い，定義を決定するのだ。なかなか難しいが，気負うことはない。定義が追加されるたびに定義は見直すことができる。そしてデータを定義と照らして次の具体例を探していく。この概念生成の基本を崩さず，概念生成を行っていくことが重要である。

　以下では 3 つの概念生成を例示し，解説する。1 つ目は初めてワークシートを立ち上げた〈母親の仮の姿だと認識する〉である。最初に生成した概念というのは，逐語録を読み込んで一番気になった箇所ということになる。それだけに，なぜここが気になったのか等々，理論的メモが充実している。

　2 つ目は対極例が多く存在する〈情報がフィードバックされる〉である。第 4 章に示したが，対極概念により【一方通行の悪循環】というプロセスを生成した。そのきっかけとなった概念である。

　3 つ目は〈連携のシステムができる〉である。具体例が概念間を移動したり，

１つの具体例が２つの概念に存在する場合等を解説する。

分析における思考は，表に挿入した吹き出しに記載している。

２．初めての分析ワークシートの立ち上げ〈母親の仮の姿だと認識する〉

概念〈母親の仮の姿だと認識する〉の分析ワークシートを表 8-1 に示す。最も語りが充実していると思われた，印象深い最初にインタビューした事例１さんから分析を開始した。事例１さんは，産後の入院中，赤ちゃんに愛情を示し授乳も児の世話もちゃんと行っていた母親が退院後，子どもを置いて失踪し虐待状況となったという事例を経験していた。事例１さんは，入院中の母親の姿は「仮の姿だ」と語った。それは家事や子育てに追われる家庭での暮らしと入院生活があまりにも異なり，入院生活が「非日常」だと考えることを説明してくれた。そして現在，目の前にいる母親は「仮の姿だ」と認識したうえで，退院後の子育てができるか否か判断していると語ってくれた。「仮の姿」はとても印象的な用語だった。最初は概念名を「非日常的な入院生活での母親の姿だと意識する」としていたが，母親の姿の状況がわからないため，結果的には in-vivo 概念[1] として使用することとした。

事例１さんだけではなく，事例３，９，11，14 の計５人の方が「母親の仮の姿を認識する」について語っていた。具体例は合計 10 個であった。

分析ワークシートには，変更となり消えていった定義や概念名は取り消し線をつけ，読めるようにしている。分析の過程で考えたこと，疑問やアイディアは，理論的メモ欄に記載した。表 8-1 を見ていただけるとわかるように，具体例の欄より理論的メモ欄の方に多くの記載がある。

木下（2020，p.157）は理論的メモについて以下のように述べている。「理論的メモ欄は，概念生成の実質的内容が記入されているだけでなく，解釈の記録にもなるので，『思考のログ』である。意味の解釈とは選択的判断であり，定義や概念名が固まるまでにいくつかの候補があり，それらについてのアイディアや疑問が浮かんでくる。これは概念生成におけるオープン化（オープン・コーディング）であり，メモを記述することで自分が内容を確認しやすくなる。それだけで

1　木下（2003，2020）によると，「in-vivo 概念とは，データの中にある特定の表現をそのまま取り出して概念とするものである。in-vivo 概念はある特徴的な現象をピンポイント的に捉えることで説明力をもつタイプの概念なので，多様性の説明には向かない点にも注意が必要である。」とされている。

なく，記録しておくことの意味は，選択的判断をしていくときに選択しなかった内容の保存にある」。表 8-1 にも，変更となり消えていった定義や概念は，選択されなかった内容として保存されている。

　表 8-1 の分析ワークシートを振り返り，理論的メモをみてみる。

　最初の具体例「1．入院している期間の母親が見せる，母親役割を示している親の姿，お母さんの姿っていうのは，入院中はこうでしたっていうだけの話で，その後にきちんとそれが維持されるかどうかっていうのは，難しいなー，ちょっと違うだろうなー。だから仮の姿かもしれないなって」これに対し，理論的メモに「とても判断に揺らいでいる文脈で語られていた。一時的に見せる『愛情を示す』『育児の技術ができる』『頑張って赤ちゃんの世話をする』姿の反面，この入院環境は非日常的で，それを意識して判断していかないといけないと感じているようだ」と記載している。このメモの「判断に揺らいでいる文脈」という言葉から，「気になる親子」と判断する前の段階であることがわかる。分析テーマのプロセスにおける位置づけを検討している。また，「それを意識して判断していかないといけないと感じているようだ」とメモしている。このメモの思考から，定義の最後の部分『仮の姿であるということを認識したうえで，さまざまな判断に臨むこと』と，判断に臨む姿勢を表す定義にしている。理論的メモが定義に活用され，プロセスのどの部分に位置づくのかを思考している。

　事例 1 さんのインタビューからは 3 つの具体例が，事例 3 さんのインタビューから 1 つ挙がり，事例 9 さんからの具体例 5・6 が入った時点で，定義と概念名の変更を行った。これは上の子の世話や家事のない非日常ではなく，医療者に観られていることを意識し，あえて仮の姿を演じている母親像が語られていたため，概念の示す範囲が広がったことを受けたからである。このように具体例が加わるたびに，定義と概念名が合っているか確認していった。

　2 つ目の理論的メモは，「非日常的な環境での母親の姿を意識しなければ，その姿はどう映るのか。育児がちゃんとできる大丈夫なサインとして映るのではないか。そのような語りが事実述べられている。上記した『愛情を示す』『育児の技術ができる』『頑張って赤ちゃんの世話をする』がそうだ。これらは，入院生活を非日常的と意識して母親をみないと惑わされる可能性を示す」である。これは対極例への発想で，この概念の定義を念頭に対極例があるとするとどのような語りで示されるかと考えている。その視点でデータを比較検討し，対極例は 6 つ挙がった。

表 8-1　分析ワークシート例〈母親の仮の姿と認識する〉抜粋

概念1	
概念名	~~非日常的な入院生活での母親の姿だと意識する~~　→　母親の仮の姿だと認識する（変更）←具体例が追加され，定義を見直し概念名を変更した
相互作用	看護職者と母親（相互作用の中での看護職者の観察・直観）
定義	~~看護職者が，退院後の自宅の生活と異なり，入院生活という家事や上の子の世話などがない非日常的な生活環境の中で，母親が赤ちゃんの子育てをしていることを意識すること（月／日）~~ →変更後：（看護職者が）妊婦健診や入院中の生活の中で，新生児に愛情を示したり，医療者に従順である母親の姿は，家庭とは異なり家事や上の子の世話などがなく，医療者に観られているという非日常的な環境の中で見せる仮の姿であるということを認識したうえで，さまざまな判断に臨むこと。（月／日）
バリエーション具体例	1. 入院している期間の母親が見せる，母親役割を示している親の姿，お母さんの姿っていうのは，入院中はこうでしたっていうだけの話で，その後にきちんとそれが維持されるかどうかっていうのは，難しいなー，ちょっと違うだろうなー。だから仮の姿かもしれないなって。(1-29)←in-vivo 概念の元となる語り 3. 入院中は頑張ってやってるけど，やっぱり生活のなかに普段の生活のなかに戻っていくと，子どもの世話であるとか，上の子の世話であるとか，その赤ちゃんの世話をするなかで，やっぱり気持ちって変わってくんだろうな，変わっちゃうのが当然なんだろうなって私は思ってます。(1-29) 4. 入院している間はということも足し算しながら，私は見ていますけども。(3-13)←(事例-データ番号) すぐに生データに戻れるようにした 5. 病院ではこういうふうな発言でこういう行動なんだけれども，地域で生活しているなかで，それと一致しているのか一致していないのか。病院と，うち（家），外では全然また違うんじゃないですか。全然違うので，そこがちゃんと一致しているのか違うのかというのを，うん（意識して……）。(9-12)←この時点で，定義と概念名を見直し変更 6. つくっているというか，多分，自然……なんでしょうが，やっぱり診てもらっているという意識があるので，ここ（病院）でもし，特殊な人だったりとかすると，ここでしか自分は多分診てもらえないだろうと思って，いろんなことを言う，好き放題なことを言うけど，自分はここでっていうときには，やっぱり，規制が入るから医師の前ではそういうことは言わなかったりとかしますよね。で，こちらの言うことは，はい，はいと言って聞いて。(9-13) 8. 守られてるのかなと。お母さんの負担がすごく少ない。入院生活っていうのは。だから，そこではきちんと愛情も出せるし，やらなきゃいけないことはやれてるお母さんたちが，おうちに帰るとやっぱりしんどくなっちゃうんだなっていうのは感じたことはありました。(11-31) 9. いい子でいられる。すぐに相談もできるでしょうし，私たちに。ご飯も出てくるし。洗濯だって自分のものだけで済んだりすると，楽は楽ですね。(11-34)

表 8-1　分析ワークシート例〈母親の仮の姿と認識する〉抜粋（続き）

理論的メモ	〇とても判断に揺らいでいる文脈で語られていた。一時的に見せる「愛情を示す」「育児の技術ができる」「頑張って赤ちゃんの世話をする」姿の反面，この入院環境は非日常的で，それを意識して判断していかないといけないと感じているようだ。
プロセスにおける位置づけを検討	〇非日常的な環境での母親の姿を意識しなければ，その姿はどう映るのか。育児がちゃんとできる大丈夫なサインとして映るのではないか。そのような語りが事実述べられている。上記した「愛情を示す」「育児の技術ができる」「頑張って赤ちゃんの世話をする」がそうだ。これらは，入院生活を非日常的と意識して母親をみないと惑わされる可能性を示す。→概念 2 として立ち上げる。→概念 2 ではなく，対極例とする。
対極例への発想	〇どうして「非日常的な環境を意識する」ことが重要だと感じたのかは，「その後の姿を追っていくと虐待事例となった」（1-29）と述べたように，退院後の日常的な生活を追う（知る）ことが，入院中の母親の姿を「非日常的な環境での姿」だと意識しなければならないという思いにつながっているということだろう。この概念が生まれるきっかけになる看護職者の体験がどのようなものか，今後データをあたってみる。━相方探しへの発想
	<定義の変更>（月 / 日） バリエーション 5・6 が入ったら，概念の示す範囲が広がったので，それに合わせて定義を変更する。
	<概念名の変更>（月 / 日） 〇入院中は非日常的であり，この環境下で母親は仮の姿で暮らしていることを，全体的には述べているように感じる。バリエーション 1 の「仮の姿」という言葉を用いて，in-vivo 的な概念にする方が，インパクトもあり意味が通じやすいように感じる。
	<対極例 1 >（月 / 日） 金髪で，刺青があって，そんな感じの人だったんですけど。見た目によらず，おっぱいも凄いよく出るし，赤ちゃんにもちゃんとあげてて，凄いじゃないっていう認識を持った人だったんですよ。（ノーフォローで）6 か月後くらいだったと思うんですけどね。（虐待）っていうことがありましたね。（15-111・113）
	〇上記の例は母親の仮の姿に惑わされ，他の気になるサインを追求せず，情報提供せず母親が虐待に至ったことが語られている。
	<対極例 2 >（月 / 日） （入院中は）普通だったんですよ。家庭に帰ると，おかしくなっちゃんだろうね。（上の）子どももね，不安定でね。（入院中は）安定してたから（情報提供しなかった）。（17-186・196）
	〇入院中は安定していたという「母親の仮の姿」に惑わされて，上の子が不安定だというサインを見逃し，情報提供していない。入院中という上の子の世話がない日常とは切り離された状況という認識が欠けていたということで，対極例として挙げられると考える。

　3つ目の理論的メモは,「どうして『非日常的な環境を意識する』ことが重要だと感じたのかは,　事例1さんが『その後の姿を追っていくと……虐待事例となった』と述べたように,　退院後の日常的な生活を追う（知る）ことが,　入院中の母親の姿を『非日常的な環境での姿』だと意識しなければならないという思いに,　つながっているということだろう。この概念が生まれるきっかけになる看護職者の体験がどのようなものか,　今後データをあたってみる」と記載している。これは木下のいう「相方探し」の発想である。「相方探し」とは概念の相互比較の1つの方法で,　概念がもつ意味の志向性から,　その意味と関連するほかの概念の可能性をたどることである（木下,　2020, p.165）。ここでは相方として,〈母親の仮の姿だと認識する〉きっかけとなった体験から生成される概念を探すことがメモされている。

　3．対極例を多く含んだ概念生成〈情報がフィードバックされる〉
　概念〈情報がフィードバックされる〉の分析ワークシートを表8-2に示す。〈情報がフィードバックされる〉は,　17の具体例により支持されていた。他機関から情報提供用紙の返事や,　電話等により退院後の親子の様子が報告されることである。情報提供した親子の退院後の情報がフィードバックされるうごきを示す。この概念には対極例が14あり,　このまとまりで定義を作り,　概念名をつけ,　対極概念を生成した。この対極概念の具体例を語った看護職者たちはその先のプロセスに進むことができず,　連携が阻害されるプロセスに至ることもあり,　プロセスの分岐点となることがわかる。
　最初の具体例「1．そういうとき（早めに家庭訪問に行ってほしいケースがいるとき）には,　すぐ（家庭訪問に）行ってもらって,　すぐ（保健師から家庭訪問時の親子の状況を）返事もらってっていうこともあるんですけど」これに対して,　理論的メモには「具体例1は,　看護職者の能動的な動き。他機関からのフィードバックを待っているのではなく,　こちらから状況を確認する動きである。…（中略）…緊急度の判定,　それに合わせた支援の依頼の次に起こる動き」,「これは何故行われるのか,　状況を確認して病院の援助に活かすためではないか」と2つを残している。「支援の依頼の次に起こる動き」「病院の援助に活かすためでは」という言葉から,〈情報がフィードバックされる〉ことは,　どのような概念の前か後に位置するのか,　この概念の先にはどのような概念が生成されると予測されるのか,　を発想し,　この分析テーマのプロセスのどこに位置づくのか検討している

（表 8-2）。

4．具体例の移動や定義の修正を行った〈連携のシステムができる〉

　概念〈連携のシステムができる〉の分析ワークシートを表 8-3 に示す。〈連携のシステムができる〉は，産科医療機関と他機関が相互に関わりながら，子ども虐待発生予防のための発見，情報提供，継続的な情報共有が行われていることが語られていた。具体例欄をみると，他の概念から移動してきたものが 2 つある。1つは「自治体との継続支援システムを作る」，もう 1 つは「定例の合同カンファレンスを開く」である。

　理論的メモをみると，1 つ目のメモに「『概念 31 自治体との継続支援システムを作る』はあまりにもデータに密着し，その分析事例しかあてはまらないような概念だったので，多様性を含めた概念として，この概念の具体例として移動する。概念名・定義は特に変更なくても適応できると考えた」とある。具体例 2・3 は，もともと概念 31 に入っていた。しかしメモにあるように，この具体例しか入らないような狭い定義と概念名にしていたため，2 つ以上の具体例が集まらず，概念としては成立しにくい状況であった。〈連携のシステムができる〉の概念を生成することになった具体例 1 をみると，「流れが，今はできている」という語りがあり，その「流れ」は，発見，情報提供，地域支援と考え，最初の定義を作っている。その流れ（システム）の一部として，概念 31 の「自治体との継続支援システム」が包括されると考え，仮概念 31 から移動させた。そして概念 31 は削除した。

　もう 1 つ移動してきたのは，仮概念 34「定例の合同カンファレンスを開く」である。3 つ目の理論的メモにあるように「定例の合同カンファレンス」は連携のシステムの一部と考え，この概念に統合した。この概念 34 も 31 と同様，定義・概念名が狭く，この語りにしかマッチしないもので抽象度が上がりにくいと考えたからである。

　分析の過程で，概念〈連携のシステムができる〉から出ていった具体例もある。取り消し線のついている具体例 5 である。「こっち（連携の窓口担当の看護職者）に言えば保健師さんにつながるというのが，もう，みんなわかったので，ちょっとおかしい人がいるよというような人（の情報）を全部上げてくれるようになったという感じですかね」という語りで，理論的メモには，「具体例 5 は，院内の役割分担ととれる。この概念 12 は他機関との連携のシステムができることと捉

表 8-2　分析ワークシート例〈情報がフィードバックされる〉抜粋

概念 3	
概念名	退院後の親子の情報をもらう（月／日）　→　退院後の親子の状況を確認する（月／日）　→　情報がフィードバックされる（月／日）
相互作用	看護職者と他機関の専門職者 〔データを追加するたびに，この定義でよいか見直し，定義を端的に表す概念名へと変更した〕
定義	他機関の専門職者から，看護職者に親子の情報をもらうこと。　→　他機関の専門職者から，看護職者に親子の状況を確認すること。（月／日）　→　他機関の専門職者から医療施設の看護職者・他の専門職者に対して，提出された情報提供用紙の返事が記載されて戻ってくること。また，電話等で支援の状況や親子の様子が報告されること。（月／日）〔2回の変更で定義が最終版となった〕
バリエーション（具体例）	1. そういうとき（早めに家庭訪問に行ってほしいケースがいるとき）には，すぐ（家庭訪問に）行ってもらって，すぐ（保健師から家庭訪問時の親子の状況を）返事もらってっていうこともあるんですけど。1-25 2. 2か月に1回の事例（報告会）でこういう事例があって，どう今介入しているか，ということと，今年からは児童相談所の方が見えて，ケースの情報とか，経過の，どういうふうな経過で現在どうなっているとか，フォローしているとかっていうの（を提供してもらっているの）で。9-34 3. 訪問したその結果も，直接電話を入れてくれたりってするときもあります。訪問したけどこうだったので，次回，妊婦健診に，いついつ予約で行かれると思いますけど，またちょっと，そのときの状況を教えてくださいとかって言ってくれるところもありますけど。10-46 4. （情報提供用紙を）書いた人に関しては，みんな情報提供用紙が戻ってきます。一回訪問した結果がどうだったか。8-61 5. 保健師からお手紙をいただきます。こうこうこういう状況でって。で，中には直接電話で。3-108 〔この時点で最終の定義となる〕 6. ○○区の特定の保健師さんだけは（訪問後の情報を）返してくれるんです。3回も返してくれて，ちょっとうれしいんですけども。13-75 7. 保健師さんに連絡して介入を試みて，まあこんな感じですっていうような報告はあります。4-38 10. 必ず（返事は）返ってきます。ただ，問題のない書類に関しては返ってくるのが遅いです。4-131 16. サマリーが返ってきて，この状態で問題がなかったですよ，という事例もあれば，要フォローをしていきますとか，また，続けてちょっと訪問に行きますとかという連絡はもらうので。24-78 17. 訪問に行ってどうだったかっていうお返事はいただいています。23-49

表 8-2　分析ワークシート例〈情報がフィードバックされる〉抜粋（続き）

理論的メモ	○バリエーション1は，看護職者の能動的な動き。他機関からのフィードバックを待っているのではなく，こちらから状況を確認する動きである。これは緊急度の高いケースの時に行われるのではないだろうか。緊急度の判定，それに合わせた支援の依頼の次に起こる動き。←プロセスにおける位置づけを検討している
	○これは何故行われるのか，状況を確認して病院の援助に活かすためではないか。
	<概念名・定義の変更>（月 / 日） ○「親子の状況を確認する」だと，具体的な親子の状況が述べられたバリエーションと捉えられてしまう。他機関の看護職者に情報をフィードバックしてもらう動きなので，それが伝わりやすい概念名と定義に変更した。
	<概念名・定義の変更>（月 / 日） ○バリエーションは情報そのものではなく，他機関から医療機関に情報が戻ってくる動き（家庭訪問の返事，事例報告会）を示しているので，それに適した概念名と定義に変更した。
14 もの対極例が挙がった。対極例に定義・概念名をつけ，対極概念を生成している	<対極概念>（月 / 日）〈他機関からの情報のフィードバックがない〉という対極例 定義：他機関の専門職者から医療施設の看護職者・他の専門職者に対して，情報提供した親子の退院後の様子や支援の状況の報告がないこと。
プロセスの先にある概念を予測し，この概念の位置づけを検討	①（保健センターからの情報のフィードバックは）いや。あんまりないですね。こちらがお手紙書いても，返ってくることはほとんどないです。2-80 ○このことによって，退院後の親子の状況がよく分からないという状況が起こっている。
	②そのケースはお産されて，おうちに帰って子育てが始まったんだけれども，まあ，そこからは情報は，私たちはもらっていなくて。11-60
	⑤毎回サマリーをあれだけ送って，しかも返事が返ってくるように，わざわざ用紙までつけて送ってるにもかかわらず返事が返ってこない。13-173
	⑥（保健センターからのフィードバックは）よっぽどのことがあればありますが，ほとんどありません。14-34
	⑩（ケースのなりゆきは）すごく知りたいんです。本当は。だけど，退院後の情報はもう分からないですね。地域に行っちゃうと。その方がどうなっていったのかっていうことは，実は知りたいですね。知りたいけど，知る術もないし。6-191
	⑫（保健センターから返事がないので）どこまで，対処してくれてるのかって見えないので私たちには。16-168 →概念4「他機関の支援内容を知る」の対極例と重複（月 / 日）
	⑭母子連絡票を書くときに，ただ一方通行みたいな感じになっているので。何か，一方的な母子連絡票になってしまっていないかなというのはあるのですけど，保健師さんの方から，こういうのはどうでしたとか，病院の方にお電話をいただくということも，私がここに勤務して，ないんですね。19-55

表 8-3　分析ワークシート例〈連携のシステムができる〉抜粋

概念 12	
概念名	連携のシステムができる　（月／日）
相互作用	看護職者と他機関の専門職
定義	<u>退院後支援の必要な親子を発見して，情報提供し，地域での支援を受けることができるための他機関との一連のシステムができていること。</u>（月／日） →　アンダーライン部（月／日）追加 →　児童虐待予防のための，発見，情報提供，継続的な情報共有という連携のシステムができていること。（具体的には，ハイリスクケースの発見のためのチェックリストの作成，情報提供用紙の作成，定例会議の開催等である。）（月／日）◁ 2回の変更で定義が最終版となった
バリエーション（具体例）	1. 必要な人には必要な援助を受けていただけるような流れが，今はできているので。1-36 2. ○○市って，○○連絡会というのがあって，1年に2回，保健師さんと，総合病院，県の○部の総合病院の担当者が集まって，事例の検討をしたり，報告をしたりという会議があるのです。そういうので窓口の一本化というのができてきたので，保健所，保健センターから，最初にハイリスクだという人の連絡というのは，今はもう定期的に入るようになっているんですよ。で，そういう人（ハイリスクな親子）はもちろん，産んだ後も，保健センターに，用紙もちゃんと既定のものがあって，その用紙とサマリーを送って，この人がいつお産してこんな感じで入院中は過ごしましたという報告もして。まあ必要時は電話連絡もしますが，そんな感じで。ハイリスクな人に関しては，妊娠中からずっと，何か問題があれば，その都度，保健センターにも返すようにしていますし，産後はそんな形で用紙を送って継続的に見てもらうというふうに形ができてきました。8-20 →概念31「自治体との継続支援システムを作る」から移動　◁ 2・3は他の概念から移動してきた具体例 3. グレーゾーンという，何か，ハイリスクだと最初にわからなかった人でも，実は精神疾患があったり，すごく育児不安が強かったりという人に関しては，今年，保健師さんと共同でチェックリストを作って，それを5月くらいから使い始めて。8-22 →概念31「自治体との継続支援システムを作る」から移動 4. 保健師と連絡をとるケースもやっぱり多かったというところから，やっぱりシステム化してというような形になってきたんだと思いますけど。（窓口担当の看護職者をおいて）チェック用紙をつくって，じゃあチェックしていこうというような形になってきたので。7-53 他の概念へ移動した具体例▷ 5. こっち（連携の窓口担当の看護職者）に言えば保健師さんにつながるというのが，もう，みんなわかったので，ちょっとおかしい人がいるよというような人（の情報）を全部上げてくれるようになったという感じですかね。7-62 →概念14「院内の役割分担で動く」へ移動

表 8-3　分析ワークシート例〈連携のシステムができる〉抜粋（続き）

バリエーション（具体例） 他の概念から移動してきた具体例 他の概念と重複する具体例	6. 拡大カンファレンスというのを市でやっているのですね。2カ月に一ぺんなのですけど，（日程を決めて）それに関係機関が集まるというような形になっているので，こちらからケースを紹介する。ケースの地区の担当の保健師さんと，あとは保健所の保健師さんと，あとは周産期の，NICU の担当の師長と担当のナースと，という感じで，カンファレンスを設けています。7-49 →概念 34「定例の合同カンファレンスを開く」から移動（月／日） 7. 1回行ったときには，病院と保健所って何となく溝があるみたいな，お互いがお互いを守るみたいな。でも，守るというよりも，やっぱり目標は子どもと親子の幸せと考えると，そんな溝なんてつくっている暇はないとやっていると，今はすごく連携をとってきているなって。あれはとてもいいシステムだなって思っているので，継続してほしいなと思っています。全国であるわけじゃないと思っているので。22-133 11. ○○地区の連携の会議が年に2回あります。そこへ行くようになっての連携が，随分できてきて。それはすごく。直接やっぱり顔がわかるというのは。あれはすごくいいと思いますね。24-39・40・41・44 12. 2か月に1回の事例（報告会）でこういう事例があって，どう今介入しているか，ということと，今年からは児童相談所の方が見えて，ケースの情報とか，経過の，どういうふうな経過で現在どうなっているとか，フォローしているとかっていうの（を提供してもらっているの）で。9-34 →概念 3「情報がフィードバックされる」と重複
理論的メモ 概念を移動させた理由と定義・概念名への適応性を検討 概念を異動させた理由 概念を異動させた理由	○概念 31「自治体との継続支援システムを作る」はあまりにもデータに密着し，その分析事例しかあてはまらないような概念だったので，多様性を含めた概念として，この概念のバリエーションとして移動する。概念名・定義は特に変更なくても適応できると考えた。（月／日） ○バリエーション 5 は，院内の役割分担ととれる。この概念 12 は他機関との連携のシステムができることと捉えるためバリエーション 5 は，概念 14「院内の役割分担で動く」へ移動する。（月／日） ○バリエーション 6 は，連携のシステムの1つと捉えたため，概念 34「定例の合同カンファレンスを開く」から移動。（月／日） ○バリエーション 7：システムができる前は，病院と保健機関には距離があった。目標を共有することで徐々に連携のシステムができたことが語られている。（月／日） ○バリエーション 11：これは，定期的な連携会議の効果を述べているように感じる。そのような語りは上記にもみられる。一応，この概念とし，後で検討する。（月／日）

えるため具体例5は，概念14『院内の役割分担で動く』へ移動する」とある。一旦はこの概念の具体例として入れたが，時間をおき見返すと他の具体例と比較し他機関との連携の要素がなく，院内での連携の流れが語られていると判断したため，概念14へ移動させた。

　このように，概念の定義や概念名は具体例が追加されるたびに見直し，時には時間をおいて具体例を通しでみてみるなどし，具体例に適しているかを確認する。また，今後出会うであろう新たな具体例も説明できるような多様性に耐えうる定義や概念名であるか確認する必要がある。そして徐々に，概念はある程度抽象化されていく。

◆１つの具体例が複数の概念に属することについて
　具体例12「２か月に１回の事例（報告会）でこういう事例があって，どう今介入しているか，ということと，今年からは児童相談所の方が見えて，ケースの情報とか，経過の，どういうふうな経過で現在どうなっているとか，フォローしているとかっていうの（を提供してもらっているの）で」は，概念3〈情報がフィードバックされる〉の具体例でもあり，２つの概念に重複する具体例である。M-GTAの分析は，データの文脈性を壊すコーディングではなく，他方，その文脈性そのものを前提にするのでもなく，磁場のような完結性をもつデータ全体に対して分析テーマと分析焦点者の視点からデータに入り込み，小さな分析的文脈性を見出していく方法である（木下，2020，pp.287-288）とされている。具体例12の語りは１つの塊であり，切り離すことができない。そのデータの塊を分析テーマと分析焦点者の視点でみると，データのなかに定期的に情報共有できるシステムとともに，他機関から支援の状況や親子の様子が報告されていることが語られていることがわかる。どちらの定義にも合致する具体例である。切っても切り離せない文脈を１つの塊としてインタビューデータから取り出してくる際，時には複数の概念（前後の関係となるうごきの場合が多い）が含まれている場合がある。その際は，１つの具体例が２つの概念に含まれることになる。

第４節　結果図・ストーリーラインの作成
——結果図はストーリーラインにより修正する——

　木下（2020, pp.195-196）は，「分析結果は，全体像を視覚的に表す結果図と，

その骨子を簡潔に文章化したストーリーラインによって確定する。その順序としては，先に結果図の確定を行い，それをもとにストーリーラインを書いていく。その際，結果図との照らし合わせを行うので，結果図の部分を修正することもある」と述べている。ストーリーラインを記述する意義の 1 つが，作成した結果図が分析テーマのプロセスを適切に表しているか確認できる点だと筆者は考えている。結果図を文章化していくのは簡単そうに思えるが，実は大変難しい。図の概念，サブカテゴリー，カテゴリーだけでなく，変化の方向の矢印や影響の方向の矢印等を文章で説明していくのである。図に沿って書き進めていくと，図が適切に表現できていない場合は意味の通じる文章にならない。その時はその部分の結果図をよくみて，結果図を修正することになる。このようにして，ストーリーラインを記述することで，自分が作成した結果図がきちんとプロセスのストーリーとして表せているのか，自分自身でも点検ができる。このようにして分析テーマのプロセスを描く結果図とストーリーラインが完成していく。

第 5 節　単独概念のサブカテゴリー・カテゴリー化

　研究 2 では単独の概念がサブカテゴリー，カテゴリーとなったものが 2 つある。《親子の生活理解が深まる》と【連携へのモチベーションが高まる】である。木下（2007，pp.181-182）は「（概念生成は）Grounded-on-data に徹します。そうすると，実際には生成する概念には意味の範囲の広いもの狭いものなどバラツキがみられます。…（中略）…生成する概念にバラツキがみられれば，これは勿怪の幸いなのであって，必ず相互の違い，意味の落差を比較検討できるからです。その過程である概念がカテゴリーになっていくこともあります」と述べている。生成した概念にはサブカテゴリー候補，カテゴリー候補が紛れていることになる。しかし概念を生成したときは，それがカテゴリーになると簡単にわかるものではない。それが判断できるのは，理論的メモからである。理論的メモにその概念がどのような概念やカテゴリーにつながっていくのか，また，この概念はどのような前提があり成立しているのか等，横の関係，縦の関係を思考しメモをすることが大切になる。そして，概念間の関係性を検討しカテゴリーを生成し，結果図やストーリーラインへ収束させていく段階で理論的メモを参考にする。
　筆者は理論的メモに上記 2 つの概念の前提が何か，どこに向かっているのかをメモに残していた。上記 2 つの概念はカテゴリーから直接この概念につながって

いること，次のカテゴリーあるいはサブカテゴリーに直接つながっていることを記載していた。概念のレベルに向かっているのではなかった。そのため，つながれたレベルでサブカテゴリー，カテゴリーと判断した。そして最後はストーリーラインで確認した。木下（2020, p.205）がいう，カテゴリーのみを使った１次作業のストーリーラインを作成して確認することをお勧めする。カテゴリーだけを使って分析テーマのプロセスの骨子をつかむのである。この骨子に不可欠であるものがカテゴリーなので，その概念がこの段階で必要かどうかでカテゴリーかそうでないかが判断できる。本研究の【連携へのモチベーションが高まる】は，連携が発展するプロセスにおいて，必要不可欠なプロセスであったためカテゴリーであることが確認できた。

第6節　対極例は結果図に示すか否か

　データ分析においては分析が恣意的にならないよう，必ず対極例への発想をもち分析する。すべての概念とはいかないまでも，複数の概念に対極例が挙がってくる。それを結果図に示すかどうかは，研究する人間が決定することになる。１ついえることは対極例を結果図に示すと，分析テーマのプロセスが明確に示せない可能性があるということだ。M-GTA は実践への応用を志向する分析方法であるため，実践者が試行錯誤するであろうプロセスを含めるために，対極例を示すのも１つの方法であるかもしれない。しかし，分析テーマのプロセスを描いた理論を明確にするためには，対極例の示し方は慎重にすべきである。

　研究２においては対極例の数が多く，対極概念を生成し１つのプロセスを生成した。それにより連携が発展することを阻害するプロセスを示すことができ，考察につなげることができた。このように多くの対極例があり，プロセス性があれば，それをまとめて示すということは効果的であると考える。

　本研究では結果図（図 4-1, 4-3）のなかに，１つ対極概念を配置している。それは，〈退院後の問題状況を知る〉と〈退院後の安定状況を知る〉である。これは他機関からフィードバックされる情報は，問題状況だけでなく安定状況もあることを示している。その２つの概念どちらも支援を自己評価したとき，課題をみつけたり，つないでよかったと思ったりすることができる。このように分析テーマのプロセスのなかに入れ込んで，明確にストーリーが作成できれば示すことも可能ではないかと考える。

　以上が本研究の分析過程を示した M-GTA 分析の解説である。この研究を完成するにあたり，筆者自身が研究する人間としてさまざまな判断を行ってきた。例えば単独概念のカテゴリー化や対極概念の生成とストーリーラインの作成等である。その部分が，これから分析に臨まれる方の参考になれば思う。

引用文献
木下康仁（2003）．グラウンデッド・セオリー・アプローチの実践―質的研究への誘い．弘文堂．
木下康仁（2007）．ライブ講義 M-GTA―実践的質的研究法修正版グラウンデッド・セオリー・アプローチのすべて．弘文堂．
木下康仁（2020）．定本　M-GTA―実践の理論化をめざす質的研究方法論．医学書院．

おわりに

　本書を刊行する機会を得て，再度，４つの研究を振り返りました。執筆当初は４つの論文があるのだからスムーズに書けるだろう，と安易に考えていました。しかし実際に取り掛かってみると，そんなに甘いものではありませんでした。

　執筆を始めて学術論文と書籍の違いに戸惑い，読者にわかりやすいように記述するにはどうすればよいか，本当に悩みました。学術論文の枚数制限のある中で研究者向けに書いた論文が，いかにわかりにくいか身に染みて感じました。多くの言葉を追加し，一つひとつの概念を丁寧に説明しました。そのときの助けとなったのが，分析ワークシートの理論的メモでした。その概念を生成する際，自分がどのようにそのデータを解釈したのか，そこから何を感じたのか，そして明らかにしたい分析テーマにとってどのようなピースとなるのか等々，分析当時の自分と出会い，またそこから考え文章にしていきました。研究参加者の語りは学術論文では最小限度になってしまいますが，本書では分析結果についてリアリティをもって伝えられるよう，研究参加者の語りを多く示しています。結果・考察という論文の章立てでは，伝えたいことが伝わらないと思い，そのスタイルを崩しました。私は何を伝えたいのか，自問しながらの執筆活動でした。

　また，４つの研究をもとに学術論文を執筆したのは，2014-15年，2018-19年です。自身の研究だけでなく，M-GTA研究会において2015年からスーパーバイザーを務め，継続的にM-GTAの研究に触れてきました。少しずつ自身のM-GTAに対する理解も深まったこともあり，過去の論文を客観的にみることができたのです。また，2020年に木下先生の『定本　M-GTA』が出版され，そのなかで述べられていることが，自分の論文ではできていないという部分がいくつか発見され，多くの部分を修正しました。また，結果図では，現在の自分だったらこの表現はしない，影響の矢印は変化の矢印へ，コアカテゴリーの設定，等々，結果図もすべて修正しました。

　このように，学術論文をもとに本書を執筆しましたが，論文のすべてを修正することになりました。昔の自分の論文を修正できるのは，自分自身の成長の証かもしれません。

　本書を執筆する作業は，調査当時の体験を思い返すことにもなりました。最初にインタビューを実施した助産師さんの体験は豊かで，「仮の姿」というin-vivo

概念が浮かんだのも彼女のインタビューからでした。地方の方なのに，わざわざ東京でインタビューを受けてくださり，本当にありがたかったです。インタビュー会場の病院を間違え（名前が似ていたため），違う病院に到着し，慌ててお電話すると快く遅刻を許してくださり待ってくださった助産師さん。手土産をもっていくのを忘れたのに，お土産を持たせて帰らせてくれた助産師さん。本当に温かい研究参加者に恵まれ，本研究を成し遂げることができました。

　研究後は，その理論をもとに2年間研修を開催しました。研修参加者の感想の一つひとつを読み返し，この研修でいろいろなことを感じ学んでくださっていることがわかり，もっとそれを発展させていく必要性を感じました。

　「気になる親子」の発見は決して悪者探しでなく，支援を必要とする親子に必要な支援を提供し，専門職者や子育ての仲間・社会が伴奏しながら子育てしていく力を育むためだと改めて認識しました。必要な支援が届けられるよう，私には私のできることを成していこうと，感じた執筆活動でした。このような機会を与えていただけたことを，心から感謝いたします。

　博士課程においてM-GTAとの出会いを与えてくださり，ずっと支援してくださった市江和子先生に感謝いたします。そして，書籍の執筆に悩む私に，丁寧に原稿をご確認くださり，多くのご助言をくださった，木下康仁先生，小倉啓子先生，林葉子先生，本当にありがとうございました。先生方のご助言のおかげで，この原稿を完成させることができました。感謝いたします。

唐田順子

索　引

著者略歴

唐田順子（からた のりこ）
山口県立大学看護栄養学部看護学科　教授。
日本赤十字社医療センター周産期病棟にて助産師として勤務。
東京都立看護専門学校専任教員，西武文理大学，国立看護大学校を経て現職。
M-GTA 研究会世話人・スーパーバイザー。
修士（社会学）（東洋大学大学），博士（看護学）（聖隷クリストファー大学）。

質的研究法 M-GTA 叢書 2
乳幼児虐待予防のための多機関連携のプロセス研究
産科医療機関における「気になる親子」への気づきから

2023 年 3 月 30 日　第 1 刷

著　者　唐田順子
発行人　山内俊介
発行所　遠見書房

〒 181-0001　東京都三鷹市井の頭 2-28-16
株式会社　遠見書房
TEL 0422-26-6711 FAX 050-3488-3894
tomi@tomishobo.com　https://tomishobo.com
遠見書房の書店　https://tomishobo.stores.jp/

ISBN978-4-86616-162-4　C3011

※心と社会の学術出版　遠見書房の本※

遠見書房

質的研究法 M-GTA 叢書 1
精神・発達・視覚障害者の就労スキルをどう開発するか──就労移行支援施設（精神・発達）および職場（視覚）での支援を探る
（筑波技術大学）竹下　浩著
就労での障害者と支援員の相互作用をM-GTA（修正版グランデッドセオリーアプローチ）で読み解く。2,420 円，A5 並

子どもと親のための
フレンドシップ・プログラム
人間関係が苦手な子の友だちづくりのヒント 30
フレッド・フランクル著／辻井正次監訳
子どもの友だち関係のよくある悩みごとをステップバイステップで解決！ 親子のための科学的な根拠のある友だちのつくり方実践ガイド。3,080 円，A5 並

〈フィールドワーク〉
小児がん病棟の子どもたち
医療人類学とナラティヴの視点から
（山梨英和大学教授）田代　順著
小児がん病棟の患児らを中心に，語りと行動を記録したフィールドワーク。ナラティヴ論と，グリーフワークの章を加えた増補版。2,420 円，四六並

がんと嘘と秘密
ゲノム医療時代のケア
小森康永・岸本寛史著
本書は，がん医療に深く携わってきた二人の医師による，嘘と秘密を切り口にテキストと臨床を往還しながら，客観性を重視する医科学的なアプローチを補うスリリングな試み。2,420 円，四六並

臨床心理学中事典
（九州大学名誉教授）野島一彦監修
650 超の項目，260 人超の執筆者，3 万超の索引項目からなる臨床心理学と学際領域の中項目主義の用語事典。臨床家必携！（編集：森岡正芳・岡村達也・坂井誠・黒木俊秀・津川律子・遠藤利彦・岩壁茂）7,480 円，A5 上製

親と子のはじまりを支える
妊娠期からの切れ目のない支援と心のケア
（名古屋大学教授）永田雅子編著
産科から子育て支援の現場までを幅広くカバー。本書は，周産期への心理支援を行う 6 名の心理職らによる周産期のこころのケアの実際と理論を多くの事例を通してまとめたもの。2,420 円，四六並

[新版] 周産期のこころのケア
親と子の出会いとメンタルヘルス
永田雅子著
望まれぬ妊娠，不仲，分娩異常，不妊治療の末の妊娠，早産，死産，障害のある子を産むこと──周産期心理臨床に長年携わってきた臨床心理士によって書かれた待望の入門書。2,200 円，四六並

ダウン症神話から自由になれば子育てをもっと楽しめる
（臨床遺伝専門医）長谷川知子著
この本は，約 50 年にわたり 1 万人近いダウン症のある人たちと向きあってきた専門医が書いた 1 冊で，子育ての自信をなくしたり悩んだりしている親や支援者たちに向けたもの。2,200 円，四六並

混合研究法の手引き
トレジャーハントで学ぶ
研究デザインから論文の書き方まで
マイク・フェターズ／抱井尚子編
優れた研究論文を 10 のポイントを押さえて読み解くことで，混合研究法を行うためのノウハウがよく分かる。宝探し感覚で学べる入門書。2,860 円，B5 並

N: ナラティヴとケア
ナラティヴがキーワードの臨床・支援者向け雑誌。第 14 号：ナラティヴ・セラピーがもたらすものとその眼差し（坂本真佐哉編）年 1 刊行，1,980 円

価格は税込です